KB263116

사회심리학이
이렇게
재밌을 줄이야

사회심리학이 이렇게 재밌을 줄이야

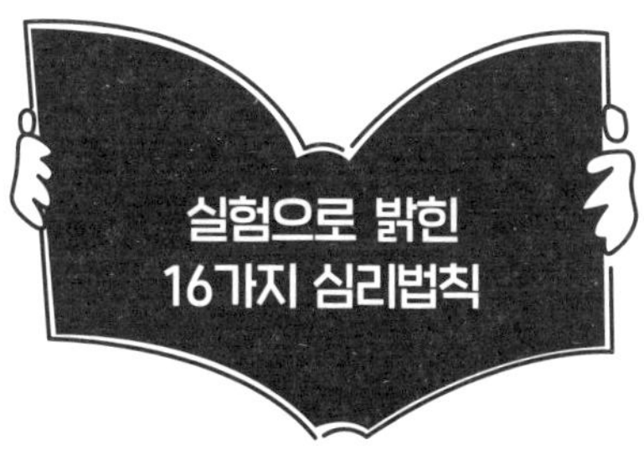

펠리치타스 아우어슈페르크 지음
분항심 옮김

반니

차례

　근래 들어 대중 매체는 심리학에 관한 여러 콘텐츠를 내놓고 있으며 심리학에 대한 보통 사람들의 관심 또한 점점 커지고 있다. 매년 심리학과에 지원하는 대입준비생이 수천 명에 이른다는 사실 또한 이런 현상을 잘 보여주고 있다. 이러한 관심의 이유는 아마도 우리가 매일 맞닥뜨리지만 당최 만족스러운 답을 찾을 수 없는 고민에 대한 시원스러운 답을 학문적 연구의 힘을 빌려 얻어내고자 하는 마음 때문일 것이다. 심리학은 인류가 가진 크나큰 의문점들을 투사하는 도구로서 역할을 해왔으며 철학에서도 고대 이래로 지금까지 수많은 고찰을 통해 이 의문들을 해결하려 노력해왔다. 정밀한 자연과학적 방법을 이용해 이 수수께끼를 풀 수 있으리라는 기대는 우리가 매일 생활하면서 만나게 되는 녹록지 않은 삶의 고민들을 일정한 공식, 더 나아가 저명한 학자가 제시하는 전략을 활용해 풀어갈 수 있으리라는 희망을 갖게 만든다. 그러나 심리학은 한껏 부풀어 오른 사람들의 기대를 당연히 충족시키지 못하며 아무리 봐도 이해가 가지 않는 난해한 문장들 뒤에서 침묵할 뿐이다. 심리학이 뭔가를 해결해줄 수 있으리라는 희망을 품고 관심을 가졌던 사람들은 인간 본연의 특성에서 생길 수밖에 없는 일상 고민들에 대한 해법을 얻기는커녕 당황스러움을 느끼게 된다.

대학에 들어와 첫 학기를 마친 심리학과 새내기들은 종종 '내가 생각했던 거랑은 좀 많이 다른데' 하는 느낌을 받기 일쑤다. 최근의 심리학 전문서적을 훑어봐도 잘 모르겠는 건 마찬가지다. 심리학의 연구주제 중 대부분은 손이 닿지 않는 저 높은 곳에 존재하며 심리학에 관심 있는 사람들이 가장 알고 싶어 하는 것과는 완전히 동떨어져 있다는 인상을 준다. 심리학에 관심이 생겨 막상 자세히 들여다볼라치면 이런 위화감을 제일 먼저 받게 되기 때문에, 열의에 차 설레던 마음이 곧 사그라져 결국 심리학에 등을 돌리게 되는 일도 허다하다. 그러나 실상 심리학 논문들은 가족관계와 직장의 인간관계, 그리고 인간의 행태에 관한 매우 유용하고 때때로 위트가 넘치는 내용을 담고 있다. 심리학 중에서도 특히 사회심리학 분야는 심리학의 실용적인 측면을 알리기에 아주 적합한 분야다.

이 책에서는 사회심리학 분야에서 널리 알려진 실험들뿐 아니라 많이 알려지지 않은 실험들도 소개하려 한다. 이들이 우리의 실제 생활에서 활용될 수 있는 범위는 각 단락의 말미에 나오는 생활적 측면에서의 짧은 고찰을 훨씬 크게 뛰어넘는다.

심리학에서도 다른 분야가 아닌 사회심리학이라는 특정한 연구 분야를 다루기로 한 이유는 사회심리학이 인간의 행동양식을 바라보는 특별한 시각 때문이다. 사회심리학은 사회가 개인에게 미치는 영향, 반대로 의식적이든 무의식적이든 개인이 사회에 미칠 수 있는 영향의 가능성에 대해 연구하는 학문이다. 물론 이 질문에 대한 고찰은 고대로부터 끊임없이 이루어져왔다. 플라톤과 아리스토텔레스는 국가와 같은 거대 집단 안에서의 개인의 역할에 대해 사유했다. 후대에 와서도 철학 안에서 사회심리학적 현상을 설명하기 위한 셀 수 없이 많은 가설이 세워졌는데, 그 예로 17세기 초반의 철학자 토머스 홉스Thomas Hobbes를 들 수 있다. 이렇듯 사물을 사회심리학적으로 고찰해보려는 인간의 시도는 사회심리학이 체계화되어 공식적 학문이 된 시점에서 시작된 역사보다 분명 오래됐다고 할 수 있다. 19세기 후반에 이르러서야 최초의 실험심리학 연구소가 세워졌고, 이로써 심리학은 모학문母學文인 철학으로부터 독립할 수 있었다. 유럽에서 심리학의 기초를 세운 심리학의 아버지로 빌헬름 분트Wilhelm Wundt를 들 수 있다. 그는 본래 자신이 몸담고 있는 학문을 생리학이라고 불렀는데, 당시에 '대중심리학'이라고 불리며 사회심리학의 탄생을 촉발시킨 이 학문은 각 개인이 만난 이후에 비로소 발생하는 갖가지 현상을 연구하는 학문이었다. 그는 이러한 복합적인 심리학적 현상들은 오염되지 않은 순수한 실험적 방법으로 연구하기에는 적합하지 않다고 생각했다. 그럼에도 불구하고 실험은 사회심리학의 중심 연구법으로 자리 잡게 되었다. 사회심리학이 심리학의 한 분야로 자리매김할 즈음 여러 명의 세계적 '사상의 선구자'가 동시에 이론을 발표했기 때문에 사회심리학의 탄생일이 정확히 언제라고 꼽기는 어렵다. 그러나 사회심리학적 측면에 중점을 둔 연구는 현재 확인할 수 있는 가장 이른 시기의 것만 찾아봐도 이미 19세기 후반에 이루어졌다.

이 책에 소개된 실험들은 모두 20세기에 실시된 것이다.

범위를 한정한 이유를 궁금히 여길 것도 같다. 거의 100년 전의 실험도 있는데 대체 굳이 이렇게 오래된 연구를 포함시키는 이유가 뭘까? 최근 20년 이래로 사회심리학에서는 별다른 진전이 없었다는 뜻인가?

학문의 역사를 왜 알아야 하는지 잘 이해하지 못하는 전공생이 많을 것이다. 학문의 역사까지 알아야 하다니, 너무 별스럽고 광신적인 것 아닌가 의심하는 사람도 있을 수 있다. 전공하는 학문의 지나온 발자취를 공부한다고 해서 앞으로 훌륭한 심리학자가 되는 데에 큰 도움이 되거나 실생활에 유용한 정보를 더 많이 얻는 것도 아닐 거라 여기는 심리학 전공자도 많을 것이다. 그런데 어떤 학문의 역사가 주는 매력은 별것 아닌 듯 보이는 사소한 일화나 에피소드에 의해 비로소 드러나게 마련이다. 어떤 결론이 도출되기까지의 과정이 결코 평탄하지 않다는 사실 이외에도 인간관계에서 오는 복잡함이나 연구자의 개인적 삶의 굴곡 같은 것들이 모두 반영되어 나타나기 때문이다. 빌헬름 분트나 헤르만 에빙하우스Hermann Ebbinghaus(기억의 실험 연구를 개척한 독일의 심리학자), 필립 짐바르도Phillip G. Zimbardo(스탠퍼드 감옥 실험으로 유명한 미국의 사회심리학자) 같은 저명한 심리학자들도 결국 인간일 뿐이었으며,

결국 분노와 우려를 참지 못한 아내가 나서서 연구를 향한 과도한 열정에 제동을 걸 수밖에 없었던 사례의 주인공이었다('사람 안의 악마'편 참고). 여기서 놓치지 말아야 할 것은 비록 이 책에서 소개되는 연구자가 대부분 남성이기는 하지만 심리학에서 여성의 역할도 절대 약소하거나 주변적인 데 머무르지 않았다는 사실이다. 샬롯 뷜러Charlotte Bühler(독일계 미국인 발달심리학자)와 같은 여성 연구자들은 20세기 초 이래로 꾸준히 결정적인 업적을 세워왔다.

심리학의 역사를 거슬러 올라가면, 초창기에는 모험적이고 과감한 연구풍토가 지배적이었다는 것을 알 수 있으나 오늘날에는 방법적으로 보았을 때 데이터나 논문 분석에 머무르는 경우가 많아 이미 알던 것을 확인하는 수준에 그치는 것을 볼 수 있다. 그러나 심리학 초기의 선구자들은 사람 사이의 조우에서 벌어지는 다면성을 연구하기 위해 창의력과 위트가 넘치는 기발한 연구방법을 개발해내느라 이런저런 고심을 거듭했다. 한번 궁금증이 생겨나면 몇 년이고 놓지 않았고 연구 결과를 신속히 발표해야 한다는 시간의 압박 없이 여러 각도에서 문제에 접근하기를 시도하면서도 실험에서 느끼는 재미 또한 소홀히 여기지 않았다('지퍼 하나 때문에 구원받지 못할 뻔한 이야기'편 참고). 오늘날 심리학은 저명 연구의 반열에 올라선 과거의 연구 결과를 아무런 의심 없이 당연한 정설로 받아들이고 그 위에서 새로운 연구를 이어가는 경향이 짙다. 그런데 과거의 연구를 당시 발표된 논문 그대로의 형태로 읽어보면 부분적으로 논쟁의 여지가 많은 방법적 결함을 안고 있거나 인용에 오류가 있었으나 후대에 전해지는 과정에서 종종 미화되거나 다듬어졌다는 것을 금방 알게 된다.

이뿐만이 아니다. 심리학 내에서 별다른 반향을 얻지 못하거나 기본 이론서 등에 실리지 않을 정도로 주류 이론에 오르지 못한 연구들, 혹여 실렸다 하더라도 주변적으로만 간단히 언급된 연구들을 살펴보면 오늘날 심리학이 주력하는 연구 방향 말고도 얼마나 많은 다른 방향이 존재했는지, 그리고 너무도 어처구니없는 이유로 얼마나 많은 특정 세부분야가 새순이 올라오는 단계에서 더 진척되지 못하고 꺾였는지에 대한 흥미로운 사실들을 발견할 수 있다. 역사적 배경이라는 흐름 안에서 특정 주제가 어느 짧은 시대에서만 연구 기회를 얻을 수 있었다는 사실, 그리고 언뜻 봐서는 학문과 연관이 없을 것 같은 전반적 사회 변화가 학문과 연구가 발달하는 방향에 아주 큰 영향력을 행사했다는 사실도 깨닫게 된다. 역사란 대개 제 발달과정에 정당성을 부여하고자 하는 의도를 가지며, 그 역사와는 다르게 흘러갔을지도 모른다는 대안은 존재하지 않았다는 점을 확인시키기 위해 기록된다. 심리학이 떠안고 가야 할 수많은 과거의 오류들은 심리학의 미화된 역사도 결국 하나의 구축된 구조물이라는 것을 극명하게 보여준다.

이 책에서 그려질 실험들은 심리학이라는 학문의 존재를 견고하게 떠받치는 구조 안에서 유의미한 역할을 차지하는 연구들이 공평하게 골고루 선정되도록 주의를 기울인 끝에 나온 결과물이다. 사회심리학이라는 학문을 미디어를 통해 대중에게 널리 각인시킨 저명한 연구도 있는 반면 오늘날 기억에서 거의 잊힌 시도도 있다. 또한 소개된 실험들은 사회심리학 연구가 실생활 및 우리의 유머감각과 전혀 무관하지 않음을 보여주는 좋은 예이기도 하다. 이런 기발함과 의외성은 많은 심리학 연구의 특징이다. 때로는 재미난 구석도 있으면서 동시에 절로 고개를 끄덕이게 만드는 이 책의 여러 실험들, 그리고 그 실험을 이끈 뛰어난 연구자들의 이야기를 읽으며 심리학에 종사하지 않는 보통 사람들도 글쓴이가 느끼는 심리학의 매력을 똑같이 느꼈으면 하는 바람을 가져본다. 창의

성과 유연함을 잃지 않으면서 인간에 대해 공부하는 것, 이것이 심리학을 연구하는 사람들의 공통된 소망이다. 심리학은 자연과학과 인문과학 사이에 있는 독특한 위치 덕분에 색다르고 이례적인 질문에 대한 답을 모색할 수 있는, 다른 학문에서는 거의 찾지 못하는 자유를 누린다. 이 책은 이러한 자유를 마음껏 활용한 실험들을 소개할 것이다.

흔들다리 위에서는 마음도 흔들린다

손바닥은 땀으로 축축해지고 심장 박동은 빨라진다. 목구멍이 막히는 듯한 느낌과 함께 속이 메슥거린다. 혹시 당신도 사랑이 시작될 때의 느낌과 몸살에 걸렸을 때의 증상이 상당히 비슷하다는 것을 체험한 적이 있는지 모르겠다. 상상력을 총동원해 이런 느낌을 재현해보려고 한다면 사람들은 대부분 그다지 유쾌하다고 할 수 없는 상황을 제일 먼저 떠올린다. 어려운 시험을 앞둔 순간, 꽉 막혀 꼼짝도 못 하고 있는 고속도로 위, 북새통을 이루는 토요일 오후의 쇼핑센터 안, 그리

고 바람에 천천히 흔들리는 흔들다리 한복판에 선 자신.

1974년, 심리학자 아서 아론Arthur Aron과 도널드 더튼 Donald Dutton은 브리티시컬럼비아의 캐필라노 협곡에 있는 흔들다리(현수교)를 건너는 시민들을 대상으로 한 신선한 실험 모델을 세웠다. 총길이 140미터에 달하는 캐필라노 협곡의 흔들다리는 지상 70미터 높이를 가로지르며 거대한 더글러스 전나무들과 비밀스럽게 반짝이는 짙푸른 계곡물을 둘러싸고 펼쳐진 자갈밭, 그리고 추락이 곧 죽음을 의미하는 아찔함 위에 매달려 있다. 유난히 삐걱거리는 바닥과 출렁거림으로 유명한 이 다리는 폭이 화물차의 바퀴 지름 정도로 좁아서 자칫 몸의 균형을 잃으면 아래로 곤두박질할 위험이 있다.

아론과 더튼은 인간의 매력에 관련한 비밀을 풀고자 이와 같은 다소 불안정한 조건을 적극 활용했다. 우리는 어떤 상황에서 상대방을 매력적이라 느낄까? 우연히 만난 사람에게 실제로 연락하게 만드는 특별한 요소에는 무엇이 있을까? 공포영화는 정말로 사람 사이를 가깝게 만드는 효과가 있을까?

한 용감한 여대생이 미끼 역할을 하겠다고 나섰다. 여대생이 할 역할은 캐필라노 흔들다리를 건너는 18세에서 35세 사이의 남성들에게 설문조사를 하는 조사원이었다. 남성들은 상당히 의외의 장소에서 설문조사가 이루어지는 것에 조금 놀라긴 했지만 한 건의 설문지를 작성한 후 조사원이 내미는 그림에 나름대로 스토리를 만들어달라는 요청에 응했다. 꾸며낸 설문조사가 끝나자 호감 가는 용모를 가진 조사원은 연구의 목적이나 결과에 대해 나중에 따로 만나 설명해드릴 용의가 있다고 하며 종이를 찢어 남성에게 자신의 전화번호를 주었다.

조사원은 같은 방법으로 전혀 다른 장소에서 실험을 실시했다. 대조군으로 선정된 곳은 난간이 높고 폭이 넓은 안정된 다리 위였다. 높이도 수면에서 몇 미터밖에 되지 않고 다니기 편한 다리였다. 삐걱대는 나무판자 다리 위에서 전나무 정수리를 내려다보며 느끼는 두려움과는 거리가 먼, 사실 데이트 코스로는 더할 나위 없이 좋은 장소라고 할 만했다. 그런데 아름다운 조사원이 연락을 하겠다고 했을 때 그 제의에 응한 남성의 수는 아찔한 흔들다리에서보다 의외로 훨씬 적었다(12.5퍼센트). 그렇다면 캐필라노 흔들다리 위에서의 성공 확률은 어땠을까? 결과는 성공이었다. 조사원에게 전화번호를 받은 남성 중 약 50퍼센트가 실제로 그날 저녁 연락을 해왔기 때문이었다. 또한 대조군인 튼튼하고 넓은 공간에서 이야기된 그림 설명과 흔들다리 위에서의 그림 설명의 성격도 확연히 달랐다. 흔들다리 위에서의 이야기는 평평한 다리와 비교해 거의 두 배 가까이 성性과 관련된 요소가 들어가 있었다.

이런 중대한 차이는 어떻게 생길 수 있었을까? 남성들이 동일한 여성을 쉴 새 없이 울려대는 삐거덕거리는 소리 덕분에 '웃는 다리'라는 별명이 붙은 캐필라노 흔들다리 위에서 훨씬 더 매력적으로 느낀 이유는 무엇일까?

생물학적 심리학으로 눈길을 돌리면 이 물음들에 만족스러운 대답을 얻을 수 있다. 두려움을 유발하는 스트레스 상황에서 우리 몸은 최대의 능력을 뿜어내게 만드는 호르몬들을 분비한다. 그러는 과정에서 호흡이 변화하고 심장 박동이 빨라지며 동공이 확장되고 혈관이 수축된다. 이러한 흥분현상을 우리는 촉발요인과 연결한다. 즉 신체적 반응의 원인을 찾는 것인데 이는 대부분 명백히 보이는 것일 때가 많다. 이를테면 피하고 싶은 약속이 코앞에 닥쳤을 때라든가 발등이 간질간질해서 내려다보았더니 거미가 기어가고 있을 때, 옆방에서 수상하고 기이한 소리가 날 때 같은 경우다.

그런데 여기서 소개된 흔들다리 실험에서는 두 가지 요

인이 스트레스와 연결된 여러 신체적 반응을 촉발한 것으로 볼 수 있다. 하나는 당연히 두려움을 일으키는 어마어마한 흔들다리의 모습이고 다른 하나는 남성에게 자기 번호를 주는 아리따운 여자 조사원이다. 흔들다리 한가운데서 매력적인 여성이 다가와 말을 걸면 젊은 남성들은 자신이 느끼는 떨림이 여자로부터 온 것인지 흔들리는 다리 때문인지 거의 구분하지 못한다. 방금 전에 까마득한 70미터 아래를 너무 오래 굽어봐서 심장이 두근거리는 걸까, 아니면 저 여성이 너무 마음에 들어서 그런 걸까? 그녀가 나를 보며 눈을 찡긋하며 방긋 웃어서 손에 땀이 나는 걸까, 아니면 내 몸을 지탱할 수 있으려나 의심될 정도로 가느다란 밧줄이 내는 거슬리는 소리에 겁이 나서 그런 걸까? 이 실험의 특수한 상황에서 싹튼 감정들은 아론과 더튼 연구팀이 고용한 여성 조사원이 촉발시켰다고 할 수 있다. 반면에 안정되고 평범한 다리에서는 흔들다리에서와 같은 착각이 일어나지 않았고, 따라서 여성 조사원에게 연락을 해 온 남성의 수는 확연히 적었던 것이다.

아론과 더튼의 실험이
일상생활에서 갖는 의미

아론과 더튼이 실시했던 실험은 심리학 연구가 인간을 실제로 행동하게 하는 것이 무엇인지를 알려고 파고들 때 얼마나 일상생활과 밀접하게 연결될 수 있는지를 여실히 보여준다. 이 실험의 결과는 우리가 호감이 가는 사람의 마음을 사려고 할 때 어떤 방법이 효과적인지에 대해 귀띔해준다. 함께 롤러코스터를 타거나 앞에서 말한 바와 같이 공포영화를 보는 것이 호감도를 높이는 좋은 방법일 수 있다. 그런가 하면 이 실험은 또한 성공하는 인간관계에 관해 훗날 발표된 일련의 관련 연구들의 시금석이 되었다.

최근 연구들은 아론과 더튼이 밝힌 현상을 다양한 실험 설계를 통해 확인시켜주고 있다. 예컨대 심리학자 메스톤과 프롤리히 연구팀Meston & Frohlich은 2002년에 롤러코스터 탑승과 호감도의 상관관계에 대한 논문을 발표한 바 있다. 오래된 연인이나 부부도 활동적인 경험을 함께 나누면 관계가 회복되는 데 도움을 받을 수 있다. 암벽오르기 테마파크에서 하루 즐기는 것이 영화관에서 멜로 영화를 함께 보는 것보다 관계

호감을 사고 싶다면 흔들다리, 공포영화,
롤러코스터가 더 효과적이다

를 돈독하게 하는 데 더 좋은 영향을 준다. 그 밖에도 우리는 종종 자신이 느끼는 감정의 원인을 잘못 짚거나 엉뚱한 것에 돌릴 때가 많다는 것도 알 수 있다. 우리가 얼마나 감정을 둘러싼 과정에 대해 무지한지, 그리고 인간의 심리라는 것이 생각보다 얼마나 복잡다단하고 심층적인 것인지를 이들 실험의 결과가 우리에게 보여주고 있다.

천재를 찾는 자, 천재를 발견할지어다

많은 그리스 신화가 그렇듯 피그말리온 이야기의 줄거리도 성적인 착각과 탈선으로 이루어져 있다. 조각가인 피그말리온은 아름다운 여인을 조각하는 데 너무나 심취한 나머지 어여쁜 코를 새겨 넣는 조각가의 본분에 만족하지 못하고 조각상과 이야기를 나누기 시작해 안부 인사를 묻고 알뜰하게 돌보다가 결국 사랑에 빠지고 말았다. 오늘날이라면 특별한 성애 또는 정신병 초기증상으로까지 진단이 가능할 증상이지만 피그말리온의 시대에는 염려할 만한 수준의 이상행동이

아니라 신과 접촉하려는 인간의 동기로 여겨졌다. 피그말리온은 사랑의 여신 아프로디테의 축제날 자신이 만든 조각상과 똑같이 닮은 여인을 보내달라고 그녀에게 간절히 청했다. 자신이 창조한 작품에 대한 피그말리온의 열정에 감복한 아프로디테는 조각상 따위를 닮은 사람을 보내는 대신 자신의 위대한 능력을 과시하기로 마음먹고 차갑고 딱딱한 조각상에 생명을 불어넣었다.

결론부터 말하면 피그말리온이 조각상을 진짜 사람처럼 생각하고 대했기 때문에 조각상이 사람이 될 조건이 충족되었던 것이다.

미국의 심리학자 로버트 로젠탈Robert Rosenthal과 레노어 제이콥슨Lenore Jacobsen은 교사의 기대가 학생의 발달에 어떤 영향을 미치는지 알아보는 연구를 실행했다. 연구는 한 학교를 대상으로 실시되었고 그 결과로 도출된 이른바 피그말리온 효과는 피그말리온이라는 신화적 인물이 심리학에서 유명세를 떨치는 데 큰 역할을 했다.

로젠탈과 포드Kermit L. Fode는 이 연구를 하기 몇 년 전인 1963년에 쥐를 대상으로 한 선행 연구를 수행하고 나서 교사의 기대가 학생의 학습능력에 영향을 주는지, 만일 그렇다면 그 영향이 얼마나 큰지 알아보기로 했다. 쥐 실험에서 심리학과 대학생들(엄밀하게 따지면 실험대상은 쥐가 아니라 이들 대학생이었다)은 연구팀으로부터 쥐를 배분받았다. 어떤 쥐는 평균 이상으로 영리한 반면 지능이 평균보다 떨어지는 쥐도 있다는 안내를 받았다. 그러나 실제로는 쥐들의 지능은 똑같았고 영리한 쥐 그룹과 아둔한 쥐 그룹은 무작위로 선정되었으므로 그룹 간에 아무 차이도 없었다. 그런데 실험을 해보니 문제해결능력 테스트에서 영리한 쥐와 아둔한 쥐 그룹은 이름에 걸맞은 능력의 차이를 보이는 결과를 빚어냈다. 왜 그런 결과가 나왔을까? 원인은 테스트를 대비해 쥐를 훈련시킨 대학생들의 기대에 있었다. 아둔하다는 꼬리표가 붙은 쥐를 맡은 대학생들은 쥐에 대해 별 기대나 성공에 대한 희망을 가지지 않은 채 훈련을 시킨 반면, 아주 영리한 쥐라는 소개와 함께 쥐를 받은 대학생들은 그러리라는 기대를 가지고 쥐를 대했고 평가했기 때문이라고 로젠탈은 분석했다. 작은 쥐에게 걸린 사람의 기대가 쥐들의 능력을 변화시킨 것으로 보였다.

이 실험은 현재의 심리학 분야에서도 매우 의미 있는 실험으로 평가받고 있다. 연구를 수행하는 연구자가 기대와 희망을 품느냐 아니면 반대로 우려를 가지느냐에 따라 연구의 결과가 왜곡될 수 있다는 가능성을 확연히 제시했기 때문이다. 그런데 로젠탈과 포드의 연구에 아둔한 실험쥐가 있었다면 실제 학교생활에서 좋지 않은 성적을 내는 학생에게도 연구 결과를 똑같이 대입할 수 있을까? 로젠탈은 이에 궁금증을 갖고 더 파헤쳐보기로 해 1965년에 미국의 한 초등학교에서 제이콥슨과 공동연구를 수행했다. 새 학년이 시작하기 전에 학생들의 지능과 발전가능성에 대해 미리 점검해보는 종합능력 테스트Tests of General Ability, 줄여서 TOGA라는 테스트를 통해서였다. 질문들은 심리학 방면의 방대한 문제은행에서 폭넓게 수집한 것들로, 교과과정에 포함된 학습 가능한 내용뿐 아니라 학교 교사에게도 생소한 영역의 문제까지 두루 포함했다. 교사들에게는 이것이 하버드 대학교에서 개발한 특별한 테스트이며 심리학자가 그 결과를 토대로 학생들의 발전가능성을 미리 예측할 수 있다는 설명을 주었다. 그러나 실제로는 학생의 발전가능성을 점치는 테스트가 아니었다. 로젠탈 연구팀은 테스트를 실시한 결과 총 6개의 학급 중에서 아주 뛰어난 천재성을 보이는 몇 명의 아이를 발견했다고 발표했다. 불과 수개월 안에 본격적인 학습능력을 꽃피울 문턱을 눈앞에 두고 있는 아이들이었다.

천재를 찾는 자, 천재를 발견할지어다

이미 이 대목에서 눈치를 챈 독자도 있겠지만 연구팀의 말은 모두 지어낸 이야기였으며 엄청난 잠재력을 가지고 있다는 아이들은 순전히 무작위로, 아무런 기준 없이 임의로 선정된 학생들이었다. 즉 이들은 학습능력의 잠재력에서 다른 아이들과 전혀 차이가 없는 아이들이었던 것이다.

해당 학년이 끝날 때쯤 TOGA테스트가 한 번 더 실시되었고 학년 초에 실시되었던 첫 번째 테스트의 결과와 비교에 들어갔다. 쥐 실험에서 도출된 결과와 매우 흡사한 현상이 발견되었다. 머리가 좋으며 잠재력이 발현되기 직전에 있다는 평가를 받은 학생들은 실제로 학습능력이 크게 좋아졌으며 첫 번째 테스트에 비해 두 번째 테스트의 결과도 월등히 올라갔다. 교사가 성적이 향상되리라고 기대한 학생은 실제로도 그에 부응하는 결과를 냈다. 특히 초등학교 저학년 아이들에게서 그 효과는 더욱 크게 나타났다.

학년 초에는 다른 아이들과 별반 다르지 않았던 아이들에게서 어떻게 이런 변화가 일어나게 된 걸까?

아주 공부를 잘하거나 아주 못하는 학생이라는 것이 한 번 알려지면 그에 대한 이미지가 교사들 사이에서 퍼져나가 그들의 기대가 학생에게 붙은 꼬리표와 같은 수준으로 맞추어진다. 입학할 때부터 산만하고 학습의욕이 없거나 또는 아예 학교생활에 적합하지 않은 것으로 교사들에게 찍힌 학생들은 저학년 때부터 앞으로 학교생활을 어떻게 할 것인지 계획할 가능성이 크다. 새 학년이 시작될 때마다 올해는 작년과는 다르게 숙제를 잘 해가야지, 결석하지 말아야지 등 공부 잘하는 학생으로 변신하려고 새로이 마음을 먹는다. 로젠탈과 제이콥슨의 연구 결과는 이런 새해의 다짐이 대부분 시도에서부터 실패로 돌아갈 수밖에 없다는 것을 보여준다. 교무실에서 반항적이라거나 게으르다거나 아예 멍청하다거나 하는 평가가 한 학생에게 내려지고 나면 비싼 과외공부나 형형색색의 형광펜, 온갖 스티커로 장식된 예쁜 공책 같은 것들도 일단 공공연하게 정착된 이 아이에 대한 평가를 무력화시키기에는 역부족이 되어버린다. 교사의 평가는 더욱 굳어진다. 그뿐 아니라 학생 스스로가 가지는 자신에 대한 이해와 능력을 발휘해보려는 의욕도 영향을 받는다. 기대할 것이 없는 학생으로 이렇게 몇 년을 지내다 보면 학생 자신도 과제나 공부를 구태여 힘들게 할 필요가 없다고 인식하게 된다. 연구 결과가 주는 충격적인 메시지는 여기서 그치지 않는다. '이 아이는 똑똑하지 않아', '능력이 없어' 등의 평가를 반복적으로 받은 이들은 자신이 성공할 거라는 믿음을 갖는 것, 그리고 동기를 꾸준히 유지하는 것을 특히 힘들어한다. 이는 교사의 기대가 학생의 행동에 직접적으로 영향을 주며 교사들이 아이들에 대해 이러쿵저러쿵 담소를 나누다가 모인 결론이 비록 의도치 않더라도 그 학생의 성적이 떨어지도록 이끌 수 있다는 것을 뜻한다.

물론 그 누구도 나쁜 목적을 가지고 이렇게 하지는 않으며, 될성부른 아이라는 평가를 받으려고 미리미리 노력을 게을리하지 않은 학생들에게는 이익일 수 있다. 교사는 이들에게 친절하게 대하며 지원을 해주려는 마음가짐을 가지고 있다. 교사의 이해와 배려, 그리고 학생을 존중하는 지도가 성공적 학교생활에 어떤 도움을 주는지 이들에게서 잘 나타난다. 후에 이루어진 다른 연구의 동영상을 분석해보니, 교사들은 성적이 좋은 학생이 수업 중 발표를 하면 더 많이 칭찬을 하고 눈을 더 빈번히 마주치며 더 자주 웃는 얼굴로 대하는 것으로 나타났다. 이 행동은 성적이 좋은 학생이 성적이 나쁜 학생보다 더 학교생활을 좋아하며 덜 아프고 결석일수가 적으며 과제나 숙제, 발표에 더 세심하고 정성스럽게 노력을 기울이는 결과로 이어진다. 이런 흐름이 이어지면, 교사는 마치

능력 있는 상사처럼 학생을 혼내는 대신 칭찬과 격려를 통해 제자가 가진 최대치의 능력을 이끌어내게 된다.

로젠탈과 제이콥슨의 실험이 일상생활에서 갖는 의미

로젠탈과 제이콥슨의 실험은 20세기 최대의 중요 심리학 연구로 손꼽힌다. 바로 뒤에 설명할 방법적 논리성 때문만이 아니고 평소 성적이 좋지 않은 학생들에게 위안과 안도감을 주기 때문이다. 부정적인 피그말리온 효과를 몸소 겪고 싶은 사람은 물론 없겠지만 혹시나 교사들이 자기를 (의도치 않았다 하더라도) 머리 나쁜 학생으로 낙인찍어 앞으로 좋은 성적을 받을 일은 없으리라고 낙담했던 학생들은 조금이나마 위안과 희망을 얻을 수 있다.

이 연구는 학교의 상담교사들에게도 큰 영향을 주었다. 가정환경이나 교우관계의 어려움, 성장기 변화로 인한 혼란, 적절한 지원프로그램의 결여 등 여러 원인으로 성적이 뒤떨어졌던 학생들이야말로 모든 교사가 긍정적 관심을 가지고 유심히 지켜보아야 하는 대상이다. 이런 아이들이라고 해서

돌봄에 더 많은 시간이 필요한 것도 아니다. 다른 아이들 앞에서 대놓고 실망감을 표시하거나 혼내지 말고 정기적으로 칭찬을 해준다면 학생의 동기를 매우 강력하게 촉발해 로젠탈과 제이콥슨이 주장한 잠재력의 개화를 불러올 수 있다. 학교뿐 아니라 직장에서도 이와 흡사한 현상이 종종 보인다. 부부나 연인관계에서도 로젠탈과 제이콥슨 연구의 결과가 굉장히 유용하게 활용될 수 있다. 근거가 희박한 비난, 맥락 없는 공격이 계속되면 상대방은 결국 그 비난대로 행동하는 사람이 되며 자신이 그렇게 된 원인을 당신에게 떠넘길 수 있다!

로젠탈과 제이콥슨의 실험은 방법적인 면에서 심리학 연구에 중요한 영향을 주었다. 실험을 할 때 관찰자의 기대가 실험대상자의 행동에 얼마나 큰 영향을 줄 수 있는지 보여주었기 때문이다. 이러한 발견은 어떠한 개입도 없이 인간의 행동을 관찰하는 데에 기반을 둔 심리학 같은 연구 분야에 논란의 소지를 던졌음은 당연하다. 그러나 그것과는 별개로 실험자는 절대로 실험에서 백퍼센트 객관적으로 자신을 제외시킬 수 없다는 것, 그러므로 지난 수십 년간 심리학에서 행한 실험과 연구 중 많은 것들이 왜곡되거나 날조되었을 수 있다는 가능성을 뚜렷하게 제시한다.

될 때까지 속여라

심리학자, 심리치료사, 정신과 전문의는 이들 전문분야가 체계화된 이래로 인간이 다른 인간을 인식하는 방법, 특히 자기 자신을 인식하는 방법과 인식에 영향을 주는 요인들에 대해 깊은 관심을 가지고 연구해왔다. 타인에 대한 평가는 매우 빠르게 이루어진다는 사실은 비교적 초기에 밝혀졌다. 이른바 '인성을 암시하는' 몇 가지 특징을 관찰하는 것만으로도 그 사람이 그때까지 살아온 경험이 축약되어 이루어진 특성을 통해 알 수 있는 도식을 파악한다는 것이다. 생활 속에서

타인과의 만남이 이루어지는 속도는 만남의 그 순간 얻을 수 있는 몇 개 되지 않는 정보에 의존해 단 몇 초 안에 상대방의 모습을 그려낼 수 있는 전제조건이 된다. 머리 모양, 신발의 상태, 말투의 특이성 혹은 스쳐가는 행동의 단면 등 드문드문 나타나는 단편적 데이터는 한 인간을 임시로나마 평가하는 근거로 충분치 않다. 더 많은 준거자료가 필요하며 이때 그 사람에 관련해 겪었던 경험 또는 미디어가 유포하는 클리셰(고정관념) 등이 쓰인다. 즉 내현성격이론Implicit personality theory은 편견을 정당화하는 경험적 토대를 형성하며 사람에 대한 얕고 피상적이며 불충분한 평가라는 결과를 낳는다. 그러나 다른 한편으로는 상대방이 믿을 만한 사람인지 그리고 내게 호감을 주는지를 재빨리 판단하게 해서 그와 말을 섞을 것인지 피할 것인지를 결정하게 만드는 효과도 있다.

그렇다면 자신에 대한 평가는 어떻게 이루어질까? 타인보다 자신에 대한 정보는 월등히 많으며 그 정보들은 서로 충돌하는 경우도 많고 타인에게서 받는 간략한 인상에 비해 훨씬 복잡하고 심층적이다. 자신의 인격에 대한 평가에 영향을 주는 요소에는 어떤 것들이 있는가? 심리치료사, 심리학자, 정신과 전문의 들이 중요하게 생각하는 것은 자신에 대한 평가가 지나치게 비판적으로 이루어지거나 관찰자의 평가와 전혀 일치하지 않을 때 어떤 일이 일어나는가이다. 이러할 경우 자아상의 변화가 절실히 필요하다. 우울증을 앓고 있는 사람들은 대부분 자신을 좋게 평가하지 않는다. 제3자가 그 사람을 객관적으로 보고 좋은 평가를 내린다고 해도 믿지 않는다. 그래서 심리학에서는 종종 자신에 대한 평가, 즉 자아상이 변화 가능한 것인지, 또 그렇다면 어떤 요인들이 이 변화에 도움이 되도록 작용하는지가 관심테마가 된다.

1987년 프린스턴 대학교에서 박사학위를 취득한 다이앤 M. 타이스Dianne M. Tice는 1990년대 초반에 이 문제에 주목해 자기통제에 대한 연구에 착수했다. 오후가 될수록 단것에 대한 욕구를 참지 못하게 된다거나 따뜻한 이불 속으로 다시 들어가고 싶은 유혹을 물리치지 못할 때처럼, 인간의 통제력과 의지력은 제한되어 있다는 가정은 큰 주목을 불러일으켰다. 이 주제에 관해 수많은 논문을 발표한 타이스는 현재 플로리다 주립대학교에서 사회심리학과 일반심리학을 가르치고 있다.

유사심리학에서 "될 때까지 속여라"라는 표어, 다시 말해 "네가 되고 싶은 사람처럼 행동하면 그렇게 된다"로 대표되는 현상에 주목한 타이스는 1992년에 자아상과 그에 따른 변화에 대한 자료들을 수집했다. 특정 방식으로 행동하기 시작하면, 예를 들면 일부러 자신감 넘치는 행동을 한다거나 공감능력이 풍부한 사람처럼 행동한다면 이 태도가 내면화되어 결국 실제로 스스로를 자신감 넘치는 사람 또는 공감능력이 많은 사람으로 인식한다고 주장하는 연구들이 상당수 있었다. 사회심리학에서는 이 내면화 과정의 원인이 인지부조화 cognitive dissonance(페스팅거의 인지부조화 단락을 참조), 다시 말해 관찰가능한 행동과 성격이 서로 일치하지 않을 때 일어나는 불편한 긴장감에 원인이 있다고 본다. 이 긴장감은 자아상에 맞지 않는 새로운 생동방식을 최대한 신속히 내재화시킴으로써 줄어들거나 사전에 예방된다. 예를 들어 스스로를 용기가 없고 비겁하다고 느끼지만 용기를 필요로 하는 일을 하도록 계속 강요받고 있는 사람이 있다면 그는 자신의 자아상을 확내해야만 하므로 자신에게 이렇게 이야기할 것이다. "내가 비겁하다는 건 말이 안 돼. 그래도 나는 남들이 두려워하는 무언가를 방금 해냈잖아. 어쩌면 비겁하지 않은 걸 넘어서 용감한 축에 속하는지도 몰라!" 여기서 특히 더 흥미로운 것은 새로운 행동양식이 자아상을 변화시키기는 하지만 반대로 자아상이 겉으로 드러나는 행동에도 영향을 끼친다는 사실이다. 스스로를 비겁하다고 느끼는 누군가의 행동은 그 자신이 비겁하다는 생각에 의해서도 영향을 받아 원래보다 더욱 주저하고 겁 많은 모습으로 나타나게 된다. 새로운 자아상은 오직 이 패턴을 깨려는 의식적인 노력에 의해서만 비로소 내면화될 가능성을 얻는다.

타이스의 연구가 한창 진행될 무렵, 같은 시기에 발표된 일부 연구에서는 이 내면화 과정이 타인이 보고 있다는 것을 인지할 때 특히 더 견고하게 작용하는 현상을 보고했다. 하지만 이들 연구에서 자아상의 변화 과정을 밝히려는 우선적 시도는 각 개개인의 성격적 특징에 집중해 있었고 사회적 요인들이 자아상에 끼치는 영향에 대해서는 소홀히 다루었다. 이 점에 주목한 타이스는 사회적 측면을 좀 더 비중 있게 다루어 보기로 했다. 타이스는 타인의 관찰이라는 조건 아래 이루어졌던 과거의 연구들이 왜곡되었을 가능성을 염두에 두었다. 실험대상자가 주위에 아무도 보는 사람이 없다고 느낀다면 내면화 과정이 이렇게 쉽게 이루어질까?

사람은 주위에 있는 타인들이 자신을 지켜볼 뿐 아니라 행동을 근거로 삼아 자신을 평가하리라는 것을 인지한 상태,

즉 내현성격이론을 전제로 한 상태에서는 그 상황을 참작한 행동을 한다. 혼자일 때는 자신이 타인에게 불러일으킬지 모르는 이미지나 인상에 대해 생각할 필요가 없다. 심리학자 타이스는 대중 앞에서 또는 타인 앞에서 이루어지는 행위가 혼자 있을 때 이루어지는 행위보다 자아상을 더 강력하게 변화시키는 현상에 대한 가능성을 제시했다. 이로써 20세기에 들어서며 찰스 쿨리Charles H. Cooley가 '거울자아이론Looking Glass Theory'을 세웠을 당시의 초기 사회학과의 연결고리가 이어지게 되었다. 쿨리는 자아상이란 자신에 대한 타인의 평가를 어떻게 예상하는지의 토대 위에서 형성되며 정체성은 사회적 관계 속에서 비로소 생겨난다는 가설을 세웠다. 간단히 말하면 쿨리는 인간의 자아상은 타인이 자신을 어떻게 보는가 하는 예상과 결정적 관련이 있음을 타이스보다 약 백여 년 먼저 예측했던 것이다. 사람의 자아상은 그를 둘러싼 사회적 종속성에서 탄생하므로 자동적으로 대중 앞에서의 행동에 더 많이 의미가 부여될 수 있다는 것이다. 보는 사람이 없는 상황에서 하는 행동이 떨쳐지거나 망각되거나 무시될 수 있는 반면에 타인의 존재가 동반된 상황에서 하는 행동은 이목을 끌 수 있으므로 이러한 관심이 내면화에 적극 기여한다. 주위의 평판, 그리고 그에 따라오는 사회적 관계는 자신의 행동거지를 더욱 면밀하게 관찰하도록 만들며 타인의 시선으로 자신을 바라보게 하는 동인이 된다.

타인의 시선이라는 이 과제가 자아상의 변화에 어떤 차이점들을 만드는지 더 알아보기 위해 타이스는 각기 다른 테마로 이루어진 세 개의 실험모델을 만들었다.

실험 1

타이스는 57명의 여성이 포함된 총 90명의 심리학과 학생을 실험대상으로 모집했다. 심리학 연구에서 흔히 그러하듯 일단 연구주제는 이들에게 공개하지 않았다. 학생들에게는 특정한 성격상의 특징 하나를 던져주고 이것이 본인에게 전혀 해당하지 않는다고 해도 이를 이용해 자신을 설명하라는 과제가 주어졌다. 그러면서 이 실험의 목적은 다른 사람의 인성을 알아보고 그들의 속임수를 꿰뚫어보는 능력을 테스트하는 것이라고 알렸다. 세부방법은 주어진 성격특성을 강조해서 자기소개를 하는 것인데 그렇다고 완전히 거짓말을 해서는 안 되고 살면서 있었던 조그마한 에피소드라도 기억해내 그 특성을 에피소드와 함께 엮는 것이다. 예를 들어 운동을 좋아한다는 특성이 주어졌다고 하자. 동네 반 바퀴 도는 것도 귀찮아하는 사람이라면 마라톤을 완주했다는 등의 거짓말을 하지 말고 일상생활에서 있었던 아주 사소한 스포츠 경험을 들어 본인의 운동매니아적 성향을 강조한다. 웬만한 거리는 걸어 다닌다든지 몇 년 전에 에어로빅 수업을 들었다든지 하는 식으로 말이다. 참가 학생 중 절반에게는 한 방향에서만 보이는 특수유리를 통해 한 명의 다른 학생으로부터 행동을 관찰당하고 있으며 그 관찰자가 이름이나 나이 등의 개인정보를 볼 수 있다는 이야기를 해주었다. 나머지 절반 인원에게는 관찰자가 없다는 안내와 함께 이름을 비롯한 개인정보를 전혀 기재하지 않는 무기명 답안지를 작성하라는 지시를 내렸다. 그리고 모든 학생 전체에게는 단 한 명의 다른 학생이 답안지를 평가하며 혹시 모를 왜곡을 방지하기 위해 타이스 교수 자신은 평가에 일절 관여하지 않는다고 알렸다. 주어신 성격특성으로 본인을 설명하는 답안지 작성과제가 끝난 후에 학생들은 설문지를 받았다. 이번에는 방금 작성한 성격묘사와 전혀 상관없이 실제 본인의 성격을 있는 그대로 묘사하는 설문지였다. 설문지 말미에는 이 실험의 익명성을 신뢰할 수 있는지, 그리고 답한 내용을 근거로 누군가가 자신을 식별할 수 있을 거라고 예상하는지도 적도록 했다. 이 과정들이 완전히 끝나고 난 후, 학생들의 자아상 조작의 가능성을 배제하기 위해 학생들에게 이 실험의 원래 의도를 설명했으며 앞서 본인이 가지고 있다는 주어진 성격특성과 일치하지 않는 실제 상황 세 가지를 적도록 했다. 아까의 예를 다시 들면, 운동을 좋아하는 특성이 주어졌을 때 이번에는 하루 종일 집에 들어앉아 TV만 봤다거나 사실은 여간해선 계단을 걸어 올라가지 않는다는 이야기를 쓰도록 하는 것이다.

이 실험의 결과를 분석해보니 타이스의 가설이 사실로 확인되는 모습을 보였다. 학생들의 자기 묘사는 그들의 자아상에 확연한 영향을 주었던 것이다. 자신의 지배적 성격에 속하지 않는 성격특성을 자신의 것인 양 조금 무리해서 묘사했을 때, 이를테면 '감정적으로 안정적임'이라는 특성이 주어져 그렇게 자신을 소개하고 난 후에는 두 번째 설문지에서는 다른 특성들보다 특히 감정적으로 안정적인 특성을 조금 더 두드러지게 설명하는 현상을 보였다. 이 효과는 다른 관찰자가 존재한다는 정보를 갖고 있을 때, 그리고 자신이 누군지 변별될 가능성을 인지했을 때 더욱 강화되는 경향을 나타냈다.

타이스가 가정했듯 관찰자인 타인의 존재에 대한 인식이

내면화 과정에 영향을 주었고 행동이 공개적으로 이루어졌을 때의 묘사가 자아상에 더욱 지속적으로 오래 남았다.

실험 2

타이스는 이 현상을 더 상세히 검증하기 위해 후속연구에 돌입했고 80명의 심리학과 학생을 모아 자신이 외향적인지 내향적인지 설명하는 과제를 주었다. 실험 1의 기본적인 틀, 즉 누군가가 보고 있다고 느껴지도록 세팅된 그룹과 그렇지 않은 그룹으로 나뉜 것, 그리고 과제 작성 후 성격테스트 형식의 설문지를 통해 원래 모습의 자신에 대한 평가를 내리게 한 점은 그대로 유지되었다.

그러나 실험 1과는 다른 점이 있었는데 그것은 학생들이 자신의 성격이라고 진술한 내면화된 내용이 일상생활에서도 그대로 나타나는가 하는 점을 추가한 것이었다. 이를 위해 타이스는 학생을 실험관계자로 소개된 인물과 한 공간에 머물도록 했다. 그리고 학생이 실험관계자와 얼마나 가깝게 앉을 것인지(학생이 앉을 의자는 옆방에서 스스로 가져와야 했다), 또 그와 대화를 시도할 것인지를 자유롭게 결정하도록 했다. 타이스는 학생이 선택한 거리와 대화하려는 의지를 내향성과 외향성의 정도를 수치적으로 나타내는 기준으로 이용했다.

이 실험에서도 타이스의 예측은 들어맞았다. 공개적으로 자신을 외향적이라고 묘사한 학생들은 실험관계자와 가깝게 앉았으며 자신을 내향적이라고 말한 학생들보다 더 많이 대화하는 모습을 보였다. 자아상은 타인 앞에서 공개되는 특성에 의해 변화되었다. 반면에 관찰자 없이 혼자라고 믿은 상태에서 답을 작성했던 이들에게서는 내향적 성격군과 외향적 성격군 사이에 별다른 행동의 차이가 보이지 않았다.

이러한 결과는 말로 표현된 꼬리표에 의해 촉발된 내면화 과정이 단순히 자아상의 표면적인 변화만을 불러오는 것이 아니라 행동의 변화까지 유발할 수 있다는 것을 뜻한다. 단락 말미에 다시 한번 설명하겠지만, 이 발견은 현실생활에서 실현되었을 때, 그리고 다른 연구와 조합되었을 때 특히 더 강력한 의미를 가질 수 있다. 예를 들면 앞에서 이야기한 로젠탈 효과를 이해하는 데 도움을 준다.

한마디로 말하면, "될 때까지 속여라"라는 명제에는 충분한 근거가 있다는 것이다. 남에게 비춰진다고 생각되는 나의 모습을 내가 스스로를 바라보는 모습 속에 흡수시키는 것에 그치지 않고 그에 맞춰 행동 또한 변화시키기 때문이다. 이를 로젠탈 실험과 연관지어본다면 공부 못하는 아이라는 꼬리표가 붙은 학생에게는 이러한 묘사가 그의 자아상에 녹아들고 아이는 인지부조화의 부담에서 벗어나기 위해 이 꼬리표에 걸맞게 행동하게 된다. 우리 안에 존재하는 어떤 특성을 전혀 식별하지 못한 채 살아가고 있더라도 다른 사람들 앞에서 이 특성이 강조된 행동을 빈번히 한다면 우리는 이를 내면화시킬 수 있고 정체성의 일부로 정착시킬 수 있게 된다.

실험 3

자아상의 변화라는 주제로 실시된 타이스의 세 번째 실험에서는 타인의 존재를 통한 내면화를 더욱 강화시키는 요인들에 주안점을 두었다. 여기서는 주어진 특성을 뒷받침해주는 과거의 행위에 대한 기억이 중요한 역할을 했다. 만일 과거에 운동을 즐겼던 특정한 기억이 있는 사람이라면 스스로의 속성에 '운동을 좋아함'이라는 특성을 포함시켜 확장하기가 수월해지며 이는 다시 그의 행동에 영향을 미쳐 운동과 관련된 활동을 촉진하는 역할을 할 수 있다. 또한 상대방과 앞으로도 인간관계를 이어가고자 하는 기대는 그 사람과의 상호작용 안에서 보이는 특성이 내면화되는 계기가 되기도 한다. 타이스는 논문에서 서로 강화하는 효과들이 어울리면 단순한 더하기가 아닌 곱하기의 강력한 효과를 낼 수 있으며 자아상의 변화는 여러 다양한 요소가 참여하는 역동적 과정이라고 밝혔다.

사회학의 전통적 개념을 심리학 안으로 이끌고 들어오는 데에 성공한 타이스의 시도들은 개인의 자아상 변화에 사회적 과정들이 얼마나 중요하게 개입되는지에 대해 착안한 좋은 연구로 평가받고 있다.

타이스의 실험이
일상생활에서 갖는 의미

타이스가 주도한 실험들은 비록 처음에는 다소 인위적이고 버겁게 느껴질 수는 있지만 사실 일상생활과 쉽게 호환이 가능하다. 우리가 살아가는 데서 무시할 수 없는 상당 부분은 자신과 남의 행동을 변화시키는 문제와 "과연 사람은 변할 수 있는가" 하는 물음에 대한 고민이라고 할 수 있다. 타이스는 이러한 물음에 "그렇다"는 답변을 내놓으며 바꾸고 싶은 것을 바뀌도록 이끄는 쉬운 길을 제시한다. 타이스가 행한 실험들은 한 사람의 태도가 그가 가진 자아상과 얼마나 긴밀히 엮여 있는지, 그리고 태도란 절대 영원불변한 것이 아님을 보여준다. 이것은 사회적 상호작용 안에서 강조되는 개인의 속성 또는 행동방식을 통해 내면화되며 그로 인해 해당 행동은 더욱 유리하게 발현된다. 다만 좋은 행동뿐 아니라 부정적이거나 불리하게 작용하는 특성 또한 같은 방식으로 형성될 수 있다. 스스로 자신을 실수가 잦고 어리바리한 사람으로 인식하는 사람에게 그 행동이 타인 앞에서 매번 반복되어 일어날 경우 그 자신에게는 이른바 불운아의 머리 위에 위태롭게 매달려 있는 다모클레스의 칼(남부러울 것 없어 보이는 왕좌 위에 언제 떨어질지 모르는 칼날이 있다는 일화에서 유래한 말-옮긴이)처럼 작용할 수 있다.

타이스의 실험에서 당장 가져와 쓸 수 있는 가장 중요한 메시지 하나는 "역시 누구누구는 정말 꽝손이야, 손재주가 하나도 없어" 또는 "다른 식구들은 다 열심히 사는데 그 아이는 게을러서 만날 놀고먹어" 또는 "아, 나는 프레젠테이션 하나 제대로 하지 못하는구나" 같은 지적을 계속한다 한들 좋아지는 사람은 단 한 명도 없다는 사실이다. 즉 이런 말들은 그 누구에게도 도움이 되지 않으며 아무짝에도 쓸모가 없다. 외부에서 외치는 강력한 주문은 그것을 듣는 사람으로 하여금 그 예언에 걸맞게 행동하게 만듦으로써 부정적 특성들을 불필요하게 강조하며 내면화시킨다. 그렇다면 이는 실험 결과를 반대로 적용할 때 긍정적인 효과를 기대할 수 있다는 말이 된다. 한 사람 안에 이미 그 씨앗은 있지만 아직 크게 자라나지 못해서 드러나지 않은 것으로 생각되는 긍정적인 특성을 인정하고 뒷받침해주는 일화들을 최대한 많이 모은다면 내면화와 행동 강화에 도움이 될 수 있다. 또 지속적으로 이런 특성들을 다른 사람들 앞에서 발휘할 기회가 만들어진다면 더욱 좋을 것이다.

억지로 시킬수록 더 하기 싫어져!

좋은 충고를 건네는 사람 앞에서는 따뜻한 미소와 긍정의 끄덕임을 보이고선 정작 그와는 반대되는 결정으로 보답하는 사람을 종종 볼 수 있다. 누구에게나 익숙한 이 신기한 현상에 특히 의사, 심리학자, 교육자, 부모들은 골머리를 앓는데, 이는 심리학에서 이미 리액턴스reactance라는 이름으로 알려져 있는 현상이다. 1970년대 미국의 심리학자 제임스 W. 페니베이커James W. Pennebaker와 드보라 Y. 샌더스Deborah Y. Sanders는 이 기묘한 청개구리 반응에 대해 연구를 시도했다.

이들은 행위와 자유의 반경에 가해지는 제한이나 압박에 저항하기 위해 리액턴스가 발동할 뿐만 아니라 리액턴스를 줄이거나 아예 나타나지 않게 하려면 어떻게 해야 하는지도 논문에서 제시했다. 또 여기서 사용된 실험방식을 통해 연구자가 마음을 열고 주위에서 쉽게 접할 수 있는 상황을 연구에 활용한다면 아주 적은 비용과 노력으로도 영리한 실험을 수행할 수 있다는 것을 증명했다.

일상적인 것의 평범함에 치이지 않고 오히려 거기서 영감을 얻고자 하는 마음가짐은 페니베이커와 샌더스로 하여금 평범해 보이지만 결코 평범하지 않은 장소, 즉 자신들이 재직하는 미국 남서부에 위치한 대학교의 화장실에 주목하게 만들었다. 벽의 그라피티는 예술성의 유무를 떠나서 학문적인 연구가 매우 덜 되어 있는 분야라고 이들은 생각했다. 특히나 사회심리학 분야에서 큰 의미가 있을 것 같았다. 다행히 이들이 속한 대학교의 남자화장실 17군데에서 다양한 질과 수준의 글귀가 적힌 그라피티들을 발견할 수 있었다. 리액턴스에 관해 이루어진 연구논문 가운데 특히 몇 개가 두 사람의 눈에 띄었고 지금까지 진척이 지지부진했던 리액턴스에 대한 연구를 수행할 장소로 이 공중화장실이 적격이라는 아이디어를 얻게 되었다. 브렘Jack W. Brehm이 발표한 논문은 특히 권위자로부터 내려진 명령에는 리액턴스가 당연한 반응이라는 결론을 내리고 있다. 반항적인 글귀를 벽에 남기는 행위를 권위에 대한 불복의 표현, 권위적 행동과 자유의 제약으로 인해 야기된 분노의 배출구로 이해한다면 공중화장실이라는 장소는 리액턴스 반응을 연구하기에 가장 적합한 장소가 된다. 보통 이런 그라피티는 반사회적인 문구나 욕설 같은 것들로 채워지기 때문에 이용자들에게 환영받지 못한다.

논문에서 간접적으로 밝혔듯이 평소 각종 그라피티와 낙서들에 내심 긍정적 관심을 갖고 있던 페니베이커와 샌더스는 화장실을 이용하는 학생들을 향한 두 가지 종류의 경고문을 만들었다. 내용은 모두 화장실 벽에 낙서를 하지 말라는 것이었지만, 하나는 강력한 명령조였고 다른 하나는 권고조의 문장이었다. 즉 "벽에 낙서하지 마시오!"라는 문구에 "마시오!"를 더욱 진하고 굵게 표시했고 다른 경고문은 "벽에 낙서하지 말아주시기 바랍니다"로, 부드럽고 공손한 느낌을 전달했다. 그에 더해 경고문 밑에는 가상의 인물의 서명을 덧붙였는데, 명령조 경고문에는 대학 내 최고 권위를 대표하는 대학 경찰의 방범국장의 서명을, 권고조 경고문에는 평범한 방범

벽에 낙서하지 마시오!

너무 공격적이고 대안이 없는 요구는

심리적 반발을 일으킬 수 있다

담당자 직원의 서명을 달았다. 연구팀은 경고문을 두 시간마다 번갈아 서로 다른 화장실에다가 붙인 뒤 어느 칸에서 어느 경고문이 더 많이 훼손되는가를 꼼꼼히 기록했다. 예상한 대로 조롱 섞인 낙서가 휘갈겨지는 데는 오랜 시간이 걸리지 않았다. 특히 방범국장의 이름으로 나간 명령조 경고문에는 엄청난 반응들이 줄을 이었다. "싫다면 어쩔 건데, 이 ×× 같은 ××!(페니베이커와 샌더스는 논문 독자의 안구보호를 위해 욕설을 생략했다) 야, 날 잡을 수 있을 것 같냐? ㅋㅋㅋ"같은 글들로 뒤덮였다.

페니베이커와 샌더스가 행한 이 실제상황에서의 실험은 강하게 요구하거나 압박하는 명령은 속도와 수용성 면에서 절대 원하는 결과를 끌어내지 못하며 오히려 반항심을 유발하는 역효과를 낸다는 것을 잘 보여준다. 그에 반해 부드러운 공손함은 훨씬 나은 결과를 낳는 경우가 더 많다.

페니베이커와 샌더스의 실험이 일상생활에서 갖는 의미

이 실험은 그라피티 아티스트들의 작업 결과물에 분통과

울분을 터뜨리는 사람들뿐 아니라 거의 모든 사람들이 온갖 다양한 상황에 적용할 수 있는 매우 중요한 사실 하나를 증명했다. 특히 환자를 대할 때 활용하면 좋다. 페니베이커와 샌더스의 실험은 과도하게 강압적인 어투로 된 치료 일정이나 약물 복용 지침은 리액턴스를 유발할 수 있다는 것을 보여준다. 이를테면 우울증 치료약 같은 경우에 환자에게서 리액턴스 반응이 일어나면 무서운 결과가 나타날 수도 있다. 환자가 강제적 복용 지침에 대한 반발심에서 마음대로 약을 중단해버리면 심각한 타격을 입을 수 있는 것이다. 물론 여타 신체적 질병의 경우도 환자가 임의로 약 먹기를 중단하면 같은 결과를 낳는다. 환자의 반발심이나 청개구리 심리를 최소화하기 위해서 치료 계획을 세울 때 최대한 환자의 편의와 스케줄을 배려하고 여러 대안을 마련해주는 모습을 보여야 할 것이다. 그렇게 한다면 환자는 본인이 주도해 일정을 정했다는 느낌을 가질 수 있고, 치유 과정에 더 능동적으로 임하게 되어 결과적으로 좋은 예후를 보이는 데 도움이 된다. 일상생활에서 가족, 직장 동료, 배우자, 연인을 대할 때도 같은 원리를 대입하면 된다. 너무 공격적이고 대안을 제시하지 않는 요구는 상대방을 도망치게 만드는 데 그치지 않고 원래의 요구와 완전히 반대되는 강력한 반응을 불러일으킬 수 있다. 자기결정권을 수호하려는 인간의 감정을 건드리기 때문이다. 상냥하게 부탁하거나 조심스럽게 권유하는 방법을 택하면 상당히 높은 확률로 원하는 것을 얻어낼 수 있다. 자신의 결정권이 제한될지도 모른다는 불안감과 위협감이 커질수록 상대방에 대한 감정적 반발심이 높아진다는 사실을 항상 염두에 두어야 할 것이다.

아이 옷을 입은 침팬지의 특이한 행동

대화 중 종종 나타나는 어색한 침묵을 극복하는 색다른 요령이 있다. 주제를 아이나 반려동물로 돌리는 것이다. 이 주제에 관해서라면 누구라도 재미있고 유쾌한 에피소드 하나쯤은 가지고 있기 마련이다. 아무리 까다로운 대화상대라도 이 두 가지 주제 가운데 하나라도 나오면 금세 표정이 밝아지며, 정확히 8 대 2 가르마를 탄 헤어스타일을 하고 안경을 낀 날카로운 인상의 세무공무원의 경직된 얼굴은 상대방이 반려견으로 키우는 잡종 푸들견의 사람 저리가라 하는 똘똘함에 얽

힌 과거의 아련한 일화를 풀어놓는 순간 부드럽게 풀려 무장
해제된다.

반려동물을 키우는 사람들도 그렇겠지만 부모는 아이들
의 옹알이가 늘 때, 그리고 하루가 다르게 발달해가는 몸과
마음을 볼 때 말로 표현할 수 없는 벅차오름을 느낀다. "그렇
다면 동물을 키우는 기쁨과 아이를 키우는 기쁨을 동시에 느
껴보면 어떨까?" 켈로그 부부는 이런 의문을 품고 연구계획
을 세운 게 아닐까 싶다.

윈트럽 켈로그와 루엘라 켈로그 부부Winthrop & Luella Kellogg
는 1894년 출판된 《정글북》에서 영감을 얻은 것으로 보이는
논문의 서두에서 다음과 같이 썼다. "사고 등으로 인해 사람
의 아이가 숲이나 정글에 홀로 떨어져 야생동물과 함께 살아
가게 되었다고 가정해보자. 옷도, 인간의 언어도, 다른 인간과
의 접촉도 없이 자라난 상황에서 형성된 한 인간의 본성이란
어떤 것일까?"

당시 사람들은 세계적으로 유명해진 아이들을 보고 다음
과 같은 답을 내리기에 이른다. "인간은 주위환경에 반응하며
생존을 위해 적응한다." 그 아이들이란 1920년대에 인도에서
발견된 일명 늑대소녀들이었다. 아이들은 발견 당시 네 다리

로 걷고 작은 동물들을 찢어발기는 등 늑대의 행동양식을 그 대로 가지고 있었다. 뼈를 씹는 동작을 반복해서인지 아래턱 은 이례적으로 매우 강하게 발달해 있었다. 켈로그 부부는 유 아기와 청소년기 때 특히 더 적응력이 강하며 주위환경에 더 유연하고 신속하게 반응한다는 것을 알아차렸다.

그러나 실험이라는 명목으로 인간의 아이를 정글에서 자 라게 할 수는 없는 일이었다. 그 대신 문제를 반대 방향에서 접근했다. 이들이 던진 질문은 "인간을 동물의 세계에서 자라 나게 하는 대신 동물을 인간의 세계에서 자라게 하면 되지 않 을까?"였다. 인간과 가장 가까운 영장류를 사람의 아이가 자 라는 것과 똑같은 환경에 놓고 키우지 못할 이유가 어디 있는 가? 이러한 특수한 조건이 침팬지의 심리와 신체에 어떤 영 향을 줄 것인가?

실제로 구현된 환경 아래서 이 질문에 대한 답을 구하기 위해 매우 구체적이고 엄격한 조건이 제시되었다. 조건은 다 음과 같았다. 인간의 행동패턴을 효과적으로 흡수하게 하려 면 침팬지는 최대한 나이가 어려야 하며 반려동물이 아닌 그 나이의 인간 아이를 대하듯 해야 한다. 시내에 나갈 때는 유 모차에 태워야 하며 아기가 먹는 젖병으로 젖을 먹으며 또래의 인간 아기와 비슷한 시기에 걸음마를 배울 수 있도록 교육 받아야 한다. 식사시간에는 옷을 입고 식탁에 앉아 되도록 포크와 나이프를 사용해 식사하도록 한다. 인간으로서의 발달을 위해 또래의 인간 아이와 같이 노는 기회가 제공되어야 하며 만일 자기 아이들이 매일 침팬지와 몇 시간 놀기를 원하는 이웃주민이 있다면 이를 허락해준다. 또 침팬지의 발달상태를 판단하는 기준으로 삼기 위한 인간 형제자매가 한 집에서 같이 큰다면 더욱 이상적이다.

다행히도 켈로그 부부에게는 조커카드가 있었는데, 그것은 부부가 실험에 착수할 즈음 생후 약 10개월이 된 친아들 도널드였다. 부부는 도널드를 실험에 참여시키기로 했다. 총 1년여에 걸친 실험기간 동안 암컷 아기 침팬지가 도널드의 여동생 겸 놀이친구로 함께 자라게 되었다. 쿠바에서 태어난 아기 침팬지는 도널드보다 고작 몇 주 어렸고 생후 7개월 반 만에 사육장을 떠나 켈로그 집안으로 들어왔다.

구아라는 이름의 이 침팬지 여동생과 인간 오빠는 엄격히 정해진 인간의 시간표에 따라 생활했다. 아침 6시에서 7시 사이에 일어나 약 30분 후에 가족 모두 푸짐한 아침식사를 했다. 오후 낮잠시간 후에는 산책과 놀이시간이 있었고 저녁이 되면 목욕으로 피로를 풀고 잠자리에 들었다. 오후 3시에 남매는 간식으로 우유를 먹고 저녁 6시에는 소화가 잘 되는 음식을 저녁으로 먹었다. 얼마 지나지 않아 구아는 유아 전용 의자에 앉아 숟가락으로 이유식을 떠먹거나 신발을 신을 수 있게 되었고 인간 행동에 관한 여러 면에서 켈로그 부부의 아들인 도널드보다 우월함을 보이기 시작했다. 문을 여는 것도, 뒷걸음질 치는 것도, 컵으로 물을 마시는 것도 도널드보다 나았다. 이런 점만 제외하면 둘은 그냥 보통 남매와 똑같았다. 아빠 엄마가 같이 놀아주지 못하는 저녁에는 실망감을 감추지 못했고 껴안거나 뽀뽀로 우정이나 애정을 표현하는 방식도 비슷했다. 또 알록달록한 그림책을 보며 즐거워하는 것도 같았다. 도널드와 구아는 입과 코가 어디 있냐고 묻는 부모의 말을 알아듣고 자기 입과 코를 손으로 정확히 가리키는 등 보통의 가정과 다름없이 켈로그 부부에게 자식 키우는 재미와 기쁨을 선사하는 듯했다. 둘은 함께 놀면서 중요한 행동양식을 서로에게 가르치기도 했다. 켈로그 부부는 특히 유리창에 숨을 불어넣은 뒤 손가락으로 그림을 그리는 듯한 구아의 첫 번째 예술적 행위가 매우 인상적이었다고 회상했다. 그뿐만이 아니었다. 구아는 사람이 하듯 이불 속에 숨는 숨바꼭질을 오빠보다 일찍 시작해 놀이방법을 가르쳐주기까지 해 부부를 몹시 놀라게 했다. 술래잡기라든지 블록 쌓기, 그림책 보기 같은 인간의 놀이들도 이들이 매일 하는 일과 중 하나였다.

그런데 얼마 지나자 구아의 학습능력에 제한이 드러나기 시작했다. 특히 모방능력이 그랬다. 도널드가 어른들이 하는 일상생활의 갖가지 행동들을 몇 시간이고 주의 깊게 보다가 놀이 삼아 따라하는 반면에 구아는 몇 분도 지나지 않아 흥미를 잃고 다른 놀이에 열중했다. 언어학습도 생각보다 느리게 진행되었다. 구아는 상당히 많은 단어의 뜻을 구별하고 알아들을 수는 있었지만 스스로 발음하지는 못했다. 기저귀를 떼고 유아용 변기를 사용하는 것도 구아가 도널드보다 빨랐지만 점차 그 이상의 진전을 보이지 않았다. 그에 반해 도널드는 넘치는 모방능력을 여동생을 흉내 내는 데에 바치기 시작했다. 초기에는 주위 물건들에 대해 호기심을 보였지만 점차 구아의 기어오르기 행동을 따라하는 데에 모든 관심과 에너지가 집중되기에 이르렀다. 도널드는 구아의 모든 행동을 모방했다. 구아가 방문과 바닥 사이의 가느다란 틈으로 옆방을 엿보려고 납작 엎드리면 도널드도 지지 않고 똑같이 따라했다. 곧 구아와 도널드는 네 발로 집 안을 돌아다니기 시작했다. 도널드가 걸음마를 배운 후였다. 부모는 도널드가 여동생의 의사소통 방식을 배워 침팬지 특유의 꿀꿀거리는 소리와 후음(성대를 막거나 마찰시켜 내는 소리-옮긴이)을 사용해 구아와 소통하는 것을 보고는 몹시 놀랐다. 부부는 논문에 그 소리를 "우하, 우하, 우하" 또는 "우후, 우후, 우후"라고 기록해놓았다. 논문을 위해 아들의 영장류적 소통 방식을 기록할 때쯤 되어서 결국 부부는 매우 불안해졌던 것으로 보인다. 15개월 된 도널드가 침팬지가 하듯이 가끔씩 부모의 어깨를 강하게 깨물자 회의감은 커졌고 마침내 실험은 중단되기에 이르렀다. 벽을 긁고 신발을 물어뜯으며 손 대신 입을 (예를 들어 장난감을 옮길 때) 사용하는 횟수가 점점 많아진 도널드의 행동변화는 애초에 그 부모가 깊이 주목했고 밝혀내려 했던 인간의 놀라운 적응성을 보여주는 완벽한 예시였다. 인간의 아이는 약간 서툰 침팬지 아기로 변해갔던 것이다. 다행히도 켈로그 부부는 실험을 중단했고, 도널드는 무난히 평범한 청년으로 자라날 수 있었다.

이 희한한 이야기를 우선적으로 이 책에 싣게 된 이유는 심리학 연구 분야에서 어떤 가설을 검증하기 위해서 얼마나 이례적인 방법을 택할 수 있는지를 보여주려는 것임은 분명하다. 그러나 그렇다고 해서 이 실험이 일상생활에 주는 핵심 메시지의 무게가 줄어드는 것은 아니다. 일상적으로 접하는 것들에 대한 어린이들의 모방능력이 얼마나 큰지를 잘 보여주는 예이기 때문이다. 비록 극단적인 실험이긴 했지만 사회적 환경이 자라나는 어린 아이들의 습관과 학습능력, 의사소통 방식, 그리고 발달 정도를 얼마나 좌우할 수 있는지 분명하게 나타내고 있다. 이 테마에 대해서 발표된 논문은 수없이 많은데, 특히 최근에는 새로운 미디어가 어린이들에게 미치는 영향에 대한 연구가 쏟아지고 있다. 그러나 최신 애니메이션 시리즈보다는 가족이 아이의 발달에 주는 영향이 더 크다. 그러므로 부모는 본보기로서의 역할을 단 한 순간도 잊으면 안 된다. 좋은 말버릇도 그렇고 올바른 가치를 전달하는 것도 그렇다.

　한 가지 덧붙이자면, 윤리 측면에서 많은 논란의 소지를 남긴 켈로그 부부의 실험은 어린이의 적응능력에 대한 학문적 연구를 보완하며 침팬지의 학습능력에 대한 중요한 정보를 제공해 오늘날까지도 영장류 연구에 활용되고 있다. 또한 모방의욕의 경향에서 보이는 차이를 비롯해 인간과 동물 간에 어떤 다른 점이 있는지 논하는 무수한 토론과 관련해 중대한 근거를 준 실험이라고 할 수 있다.

사람 안의 악마

이제 펼쳐질 이야기는 이 책에 실린 또 다른 이야기인 밀그램 실험 못지않게 20세기 역사상 가장 유명하며 동시에 충격적인 심리실험으로 불린다. 수많은 책과 영화가 이 스탠퍼드 감옥 실험을 테마로 했던 것은 이 실험이 가진 엄청난 극적 흐름 때문이었다.

제2차 세계대전 중 일어났던 여러 사건에 대한 비판적 시각은 1960년대와 1970년대까지만 해도 미국뿐 아니라 유럽에서도 거의 찾아볼 수 없었다. 그러다가 트라우마로 얼룩진

전쟁의 경험을 철저히 파헤쳐야 한다는 목소리가 점점 커져갔고 그때까지 거의 아무도 손대지 않았던 권위, 복종, 잔인함 같은 주제가 연구 주제로 대두되는 일이 늘어나기 시작했다. "좋은 사람도 나쁜 짓을 하는가?" 또는 "평범한 시민이 도덕을 내팽개치는 탈선의 길로 접어드는 과정은 무엇인가?" 같은 질문을 둘러싼 심리학적 연구가 시작되었고 밀그램 실험도 그중 하나였다.

스탠리 밀그램Stanley Milgram과 뉴욕의 고등학교 동창이었던 필립 짐바르도는 논란이 된 실험을 통해 이 민감한 물음에 대해 답을 제시할 수 있었는데, 이 연구는 이후 그에게 학자로서의 길을 열어주었고 이른바 인간의 악함에 대한 전문가라는 명성을 가져다주었다. 스스로 밝혔듯이 짐바르도가 악함의 심리학에 대해 관심을 가지게 된 계기는 자신의 출신에 있었다. 뉴욕의 게토지역인 사우스브롱크스에서 이탈리아 이민자 부부의 아들로 태어난 그는 상황이 주는 제약이 인간 심리에 얼마나 파괴적 힘을 발휘하는지 가까이서 보며 자라났다. 어린 시절의 경험을 통해 제복을 입은 어른에 대한 불신이 형성되었고 잔인한 행위 또는 반대로 도덕적인 행위를 불러일으키는 동기가 무엇일까에 대한 깊은 궁금증을 키웠다.

폭풍우 치는 야밤의 뉴욕 빈민가 어느 골목쯤에서 실험이 진행될 거라는 뻔한 예상과는 달리 짐바르도는 1971년 캘리포니아의 어느 맑은 아침에 실험을 시작했다. 14일 동안 감옥에서 진행되는 심리실험에 일당 15달러를 받고 참가할 대학생을 모집한다는 신문광고에 젊은 청년들이 대거 몰려들었고 짐바르도는 몇 가지 심리테스트를 거친 다음 최종 24명을 선발했다. 뽑힌 지원자들은 동전던지기를 통해 역할을 배분받았다. 이들에게는 스탠퍼드 대학교 심리학부 건물 지하공간에 임시 설치된 '감옥'에서 교도관 또는 수감자 중 한쪽의 역할이 맡겨졌다. 교도관의 제복은 여분으로 남은 군복을 이용했다. 수감자에게도 역할에 맞는 일률적 복장이 지급되었다. 이처럼 역할별로 서로 다른 의복은 실험 과정에서 핵심적 역할을 할 것으로 예상되었고, 짐바르도 또한 실험 시작에 앞서 제복의 차이가 어떠한 결과를 불러올 것인가에 대한 기대가 컸다. 그는 윌리엄 골딩의 소설《파리대왕》에서 힌트를 얻어, 얼굴을 가리는 행위를 통해 갇혀 있던 공격적 충동이 발산되므로 자신의 정체성을 마스크로 덮어씌울 수 있는 사람이 그렇지 않은 사람보다 더 쉽게 폭력적이 될 수 있다는 생각을 하고 있었다. 교도관 역할을 맡은 대학생 참가자들은 제복을 제외하고는 첫눈에 봐도 실제 교도관과는 거의 공통점이 전무하다시피 한 사람들이었다. 이들은 딱 하루 교육을 받고 간단한 근무지침서를 지급받았다. 주요 임무는 감옥 안의 질서를 유지시키는 것이었다. 그 밖에 수감자에게 폭력을 사용하지 말 것과 수감자가 실험을 중단하고 탈출 시도를 할 때 그것을 막는 임무도 포함되었다. 그에 반해 수감자들에게는 거의 아무런 정보가 주어지지 않았다. 그저 실험이 시작되는 첫 번째 날에는 집에 있을 것, 그날 무슨 일이 일어나든 순순히 따를 것 등의 지침이 주어졌다. 첫날 아침, 수감자 역할의 대학생들이 사는 숙소 앞에 경찰차가 도착했다. 미러 선글라스를 착용한 경찰관들이 방 안에 들이닥쳐 이들에게 "당신은 형법 제○○조를 위반한 혐의를 받고 있습니다. 인적사항 조사를 위해 경찰서로 연행됩니다. 수갑을 채우기 전에 묵비권을 행사할 권리가 있음을 당신에게 알려드립니다"라고 고지하는 명장면은 그 이후로 심리학과 전공생들의 필수 시청 동영상자료로 길이길이 남게 된다. 실험 시작을 알리는 연행의 순간부터 당사자들의 반응은 크게 갈렸다. 처음부터 수치심을 보이며 풀죽은 모습으로 따라가는 사람도 있었고, 자신이 자원한 실험의 일부라는 것을 깨닫기 직전까지 죄가 없다며 경찰관에게 거칠게 항의하는 사람도 있었다.

경찰차에서 내려 스탠퍼드 대학교 심리학과 지하를 개조해서 만든 임시감옥으로 안내된 수감자 역할의 학생들은 역시 우연히 교도관 역할을 맡게 된 학생들로부터 옷을 전부 벗고 팔과 다리를 벌린 채 벽에 기대어 서라는 지시를 받았다. 이들은 교도관이 소지품을 압수하고 방을 준비하는 과정이 다 끝날 때까지 그 자세를 유지하고 있어야 했다. 그러고 나서 머릿니 살충제 살포시간이라며 전신에 가루가 살포되었다. 감옥의 불량한 위생상태를 넌지시 암시하는 이러한 절차는 수감자가 이 특별한 실험에 지원한 것을 벌써 후회하게 만들고 불안감을 느끼도록 부추기려고 계획된 장치였다. 교도관은 수감자의 아주 사소하고 극히 개인적인 심리상태까지 놀림거리로 삼아 조롱하기 시작했다. 수감자는 수감번호가 새겨진 짤막한 가운 스타일의 유니폼과 머리에 뒤집어쓰는 나일론 스타킹을 지급받았다. 많은 감옥에서는 일률적으로 머리를 밀게 되어 있는데 이는 다양한 헤어스타일로 인해 수감자의 개성이 드러나는 것을 최소화하기 위한 조치이다. 발에는 그 당시에도 환영받지 못했던 것으로 보이는, 지금의 크록스 신발과 비슷한 고무신이 신겨졌고 금속체인이 채워졌다.

그 밖에도 속옷 착용이 금지되어 허리를 굽힐 때마다 짧은 가운 아래로 벌거벗은 뒤태가 그대로 드러났다. 폴라로이드로 촬영된 사진에는 수감자 번호가 부기되었다. 이름은 전혀 사용되지 않았다. 실험팀의 이러한 노력에도 불구하고 짧은 가운을 입은 수감자들은 아직 자신의 역할에 완벽히 녹아들지 못했고 교도관의 명령조 말투나 제복의 주름을 빳빳하게 펴는 어색한 동작에 킥킥 웃어대기도 했다.

조그마한 커튼이 쳐진 창문, 카메라와 녹음기, 사람이 들어가 관찰할 수 있는 작은 공간이 가벽 안에 마련되어 있어서 실험책임자인 필립 짐바르도는 그곳에서 모든 상황을 빠짐없이 지켜볼 수 있었다. 그는 제일 쑥스러움을 많이 타던 지원자 중 한 명이 교도관이 되자 수감자들 앞에 나서서 일종의 환영사 같은 연설을 하는 것을 보고 매우 놀랐다. 수감생활의 기본수칙에 대해 말하는 그의 말투는 자신감에 넘치고 단호했으며 깔보는 듯한 뉘앙스가 담겨 있었다. 그는 수감자들을 자주 마주치는 일이 없기를 바란다며 항상 손톱을 깨끗하게 관리하고 지난날의 잘못을 반성한다면 이 감옥에서 아무것도 걱정할 필요가 없다는 훈계를 했다. 교도관들은 수감자들이 자기들을 어떤 호칭으로 불러야 하는지, 그리고 감방 안에서 반드시 지켜야 할 위생수칙에는 어떤 것들이 있는지 설명했다. 1970년대 초반, 다소 좌파적 정치성향을 띠는 것으로 알려졌던 해당 대학교에서 실시된 실험으로서 예상을 벗어나는 규칙 중 가장 충격적이었던 것은 마지막 17번째 규칙, 즉 명령 불복종은 종류를 불문하고 처벌받을 수 있다는 조항이었다. 벌칙으로 팔굽혀펴기를 한다거나 수감번호와 수감규칙의 조항을 복창하는 것은 수감생활의 중요한 일과가 되었다. 실험팀은 교도관의 엄격한 장악력을 긍정적으로 평가하며 계속 그렇게 하라고 격려했다. 특히 수감자들은 인원점검을 위해 점호시간에 수감번호를 외쳐야 했는데, 시간이 지날수록 반복횟수가 끝없이 늘어갔다. 실험팀이 매우 중요하게 여긴 이 조치에는 또 다른 목적이 있었다. 이름이 아닌 오직 번호로만 불림으로써 수감자에게 자신이 개인이 아닌 번호에 불과할 뿐이라는 인식을 각인시키는 것이었다. 교도관들에게도 역할의 중요성이 계속 강조되었다. 감옥 실험이 시작될 때만 해도 모든 교도관이 자신이 맡은 행동방식의 정당성에 확신을 가진 것은 아니었다. 이들은 교대시간이 끝나고 작성하는 업무일지에 죄책감과 의구심을 기록했다. 일부 교도관은 강한 압박을 느끼는 상황에 놓였을 때 도망치고 싶은 충동을 거듭 느겠으며 그럴 때면 교도소 복도로 슬쩍 피해 있었다고 진술하기도 했다. 그런가 하면 수감자들의 명령 불복종을 처음부터 못마땅하게 생각한 교도관들도 있었다.

실험 첫날이 저물어갈 즈음이 되자 양측은 모두 새로운 임무에 이미 적응한 듯 보였다. 취침 전 점호는 교도관들의 기이한 명령으로 인해 좀처럼 끝날 줄 몰랐다. 수감자들은 수감번호를 노래처럼 불러야 했고 노래실력의 좋고 나쁨에 따라 엎드려뻗쳐나 무릎 굽혀 벌서기 같은 벌칙을 차등적으로 받는 등의 괴롭힘을 당했다. 수감자들이 자신과 비슷한 또래의 교도관들이 내리는 무의미한 명령을 따랐다는 것은 그들이 이미 원래 가지고 있었던 교육받은 중산층 청년으로서의 정체성을 잃어버리고 자신을 수감자로서 느끼기 시작했다는 징후로 볼 수 있었다. 교도관들은 새롭고 더 기발하며 교묘한 벌칙을 개발해냈고 수감자들은 운명에 고개를 점점 더 깊이 숙이며 부조리에도 그저 힘없이 반발하는 흉내만 낼 뿐이었다. 그러다가 강하게 저항하는 수감자가 나타났다. 그는 즉시 '구멍'이라는 명패가 붙은 방에 갇히는 최초의 수감자가 되었다. 구멍방은 원래 창고로 계획된 방이었는데 아주 얇은 벽으로 복도와 분리되어 있었다. 짐바르도는 만일 누군가가 밖에서 벽을 두드리면 그 소리가 크게 울려 이 방에 갇힌 사람은 견딜 수 없을 정도의 소음에 시달리는 고통을 받게 되어 있었다고 책에 썼다.

얼마 지나지 않아 수감자들이 받는 정신적 압박감을 뚜렷하게 나타내는 징후들이 속속 드러나기 시작했다. 한 수감자가 긴장이 지나친 나머지 소변이 나오지 않아 고통받는다고 호소했지만 교도관들은 이를 받아들이지 않았다. 그들은 첫날밤부터 한밤중에 수감자들을 여러 번 깨웠고 수감자들은 그 때문에 피로감과 분노, 시간감각 상실로 괴로워했다.

짐바르도는 심리학자로서의 학문적 호기심을 갖고 자신이 설치한 '감옥'에서의 양상을 지켜보았다. 이날 작성된 그의 기록을 보면 그가 제시한 질문은 일차적으로 학문적 성격이 강했음을 알 수 있다. 윤리적 고민은 그에게 그리 중요하지 않았다. 실험이 계속될수록 폭력은 시간과 비례해 끝없이 치솟을 것인가 아니면 일정 시간이 되면 최고점을 찍고 그대로 유지될 것인가? 교도관들은 실험이 끝나고 자신의 행동을 후회하고 앞으로의 인생을 평화롭고 도덕적으로 바르게 살 것인가? 밤 근무시간은 어떻게 전개될 것인가? 수감자들에게 최소한의 존엄이 주어질 것인가?

두 번째 날이 밝았다. 교도관들은 한 손으로 미러 선글라스를 추켜올리며 다른 한 손으로는 익숙하게 곤봉을 휘둘렀다. 새벽에 기상한 수감자들은 일어나자마자 그날의 첫 복명복창을 외쳤다. 한 자라도 틀리면 다양하고도 강도 높은 운동동작으로 벌을 받아야 했다. 그러나 밤새 어느 정도 기력을 회복한 수감자들은 교도관들의 어이없는 요구에 힘을 합쳐 저항하기 시작했다. 단식투쟁을 할 것인가를 토론하는 한편 처음으로 자신들의 요구사항을 내걸었다. 빼앗겼던 안경, 약, 책을 돌려달라고 요구했고 늘어나는 신체적 벌칙을 없애달라고 했다. 최초의 분쟁이 나타났다. 그러나 결과는 더욱 강화된 감시와 징벌이었다. 교도관들은 수감자들이 덮고 자는 담요를 가시덤불 속으로 끌고 돌아다녀 따끔따끔하게 만드는 방법을 고안해냈고 이에 못지않은 가학적 아이디어들이 그 이후로도 줄을 이었다. 수감자들도 가만히 있지 않았다. 그들은 돌출행동을 하며 마구 욕설을 뱉어내다가 곧바로 처벌받았다. 이때 처음으로 물리적 폭력이 나타났다. 교도관 중 하나가 철창에 매달린 수감자의 손가락을 때리기 위해 온 힘을 다해 마구잡이로 곤봉을 휘두른 것이다. 수감자들의 항의와 요구가 강해지자 교도관 역을 맡은 한 참가자는 비치되어 있던 소화기로 거품을 발사하며 진압을 시도했다.

　3번방의 수감자들은 비교적 조용히 수감규칙을 따랐기 때문에 교도관 측은 이들에게 특별우대조치를 해주며 자기편으로 만들려고 했고, 이것이 수감자들 사이에 분열과 의심을 불러일으켰다. 그러나 3번방 수감자들은 배신자가 되기를 거부했고 남들보다 나은 아침식사 등의 혜택을 거절했다. 수감자들은 교도관들의 술수를 벗어날 수 있는 아이디어를 모으려 머리를 맞댔다. 벽에 설치된 나사못 하나를 손톱으로 돌려 빼내면 감방 문이 열린다는 사실을 발견하고는 그 틈에 교도관을 덮치자는 제안이 나왔다. 그러나 교도관 하나가 이를 우연히 발견해 반란 모의자에게 수갑을 채움으로써 이들의 계획은 수포로 돌아갔다.

　교도관 측에서는 이때 처음 내부분열이 일어났다. 한 명이 수감자 괴롭히기에 동참하지 않기로 선언한 것이다. 그는 공격적이고 가혹한 처벌이 역효과를 내는 경우를 스스로 많이 봐왔으며 이런 상황이 수감자뿐 아니라 교도관도 변하게 만든다고 주장했다. 제복을 입을 때부터 불편한 마음이 들었다고 털어놓았지만 동료 교도관들의 강력한 요구에 교도관으로서의 임무를 충실히 수행하겠다는 다짐을 할 수밖에 없었다.

그러는 한편, 수감자들은 말을 듣지 않으면 배식을 중단하겠다는 위협을 받았고 소화기로 공격받기도 했으며 하루 동안 가운을 벗고 나체로 있어야 하는 벌을 받았다. 대부분의 수감자는 매트리스를 빼앗겨 맨바닥에서 자야 했다.

이쯤 되자 조심스럽게 개입할 때가 되었다는 느낌을 받은 짐바르도는 안내방송을 통해 '스탠퍼드 주립교도소 수감자 권익대표'로 세 사람을 선출할 것을 명령한다. 선출된 세 사람의 수감자는 실험참가 동의서의 계약사항이 위반된 여러 사례가 포함된 긴 불만사항 목록을 들고 왔다. 교도관들의 신체적, 언어적 폭력과 부실한 식사를 개선해줄 것, 정신적 지원 장치를 마련해줄 것을 요구했으며 가족의 면회를 허락해달라고 했다. 교도소장으로서의 역할을 맡은 짐바르도는 교도소 내 갈등은 수감자들이 먼저 규칙을 지키지 않았으므로 스스로 야기한 것이라는 주장을 폈다. 그의 대응은 오늘날의 시각으로 보면 가히 스캔들이라고 할 수 있겠지만 당시 수감자 권익대표들은 화해의 미소로 반기며 순순히 고개를 끄덕였다. 다음날 곧바로 상담 성직자를 감옥에 초빙하겠다는 짐바르도의 약속에 이들은 큰 만족과 환영의 뜻을 표했다. 그런데 성직자가 채 도착하기 전에 스탠퍼드 감옥 실험에 전환점을 마련한 사건이 일어났다. 8612번 번호를 단 수감자가 자신이 얼마나 큰 고통을 받고 있는지 조목조목 따지며 분노와 적개심을 위협적으로 표출했던 것이다. 교도관들은 통제 불능에 가까운 이 수감자를 짐바르도 교도소장에게 데려갈 수밖에 없었다. 그러자 짐바르도는 그를 실험에서 낙오되지 않게 하기 위해 살살 달래며 자신의 끄나풀이 되는 것이 어떻겠느냐는 제의를 했고 그 대가로 더는 교도관들에게 괴롭힘을 당하지 않게 해주겠다는 조건을 내걸었다. 감방으로 돌아온 8612번은 짐바르도가 시키는 대로 그 어떤 수감자도 실험에서 마음대로 중도하차하지 못한다는 것을 알렸다. 훗날 수감자들은 바로 그때가 공포가 진정한 현실로 다가왔음을 실감한 순간이었다고 회상했다. 주어진 역할에 너무도 몰입한 나머지 정말로 그 가상 감옥에서 영영 나갈 수 없다고 느낀 것이다. 짐바르도는 참가자들이 실험에서 중도하차할 권리가 없어졌다고 믿게 되었던 그 순간부터 스탠퍼드 감옥 실험은 스탠퍼드 감옥이 되어버렸다고 기록하고 있다.

크나큰 절망으로 재소자들의 용기가 꺾여버린 그때 또 다른 재앙이 기다리고 있었다. 첫날부터 가장 큰 갈등의 소지를 품고 있던 야간시간대가 바야흐로 시작되었던 것이다. 짐바르도에게 불려갔었던 8612번 재소자가 교도관들의 괴롭힘이 현저히 줄었음에도 정신병적 발작에 가까운 행태를 보이기 시작했다. 피해망상 환자처럼 나일론 스타킹이 머리를 눌러서 두통이 심해졌다는 이야기를 늘어놓는가 하면, 1037번 재소자는 이상행동을 보였다. 그는 끝없이 기침을 하며 바닥에 누워 교도소장을 만나야겠다고 고집을 피웠다. 교도소장은 기침 사탕을 주며 그의 요구를 들어주었다. 한편 집에서 체포되었을 때부터 그때까지 줄곧 눈에 띌 정도로 과도한 복종적 태도를 보이며 다른 재소자들로부터 사지sarge(병장의 줄임말이며 그의 군대식 사고방식을 나타내는 별명)로 불렸던 2093번 재소자는 갑자기 교도관이 요구하는 것보다 팔굽혀펴기를 더 많이 하겠다고 나섰다. 얼떨떨해진 교도관이 그렇게 하라고 허락하자 그는 도전적인 말투로 더는 할 수 없을 때까지 해야 하냐고 물었다. 주눅이 든 교도관은 그렇다고 대답했다.

완전히 정신이 나간 듯한 8612번이 손목을 그어 자해하겠다고 난동을 피우자 밤의 감옥은 극단으로 치닫기 시작했다. 교도관들은 그를 진정시키며 실험팀에게 연락을 취했다. 짐바르도 밑에서 박사과정을 밟고 있던 크레이그 헤이니는 어쩔 수 없이 8612번을 퇴소시킬 수밖에 없었다. 참가자가 실험을 중단하면 실험 전체가 그대로 무너질 수 있다는 것을 알 았기에 오랫동안 고민했지만 역시 내보내는 것 말고는 다른 방법이 없다는 결론에 이르렀다. 실험 시작 후 겨우 36시간 만이었으나 참가자의 안전을 외면할 수 없었다. 그러나 이때 까지만 해도 짐바르도는 실험을 통째로 도중에 중단할 생각 은 전혀 없었다. 실험 참가자들과 마찬가지로 실험을 주최한 측 또한 자신이 맡은 역할에 깊이 녹아들었고 불과 몇 시간이 라는 최단기간 안에 탄생된 정체성에서 스스로 벗어날 수 없 게 되어버린 것이다.

짐바르도에게 최초의 의구심이 생긴 것은 이른바 면회 일이라는 것을 준비하면서부터였다. 면회 올 외부인의 눈으 로 본다면 감옥의 열악한 위생뿐 아니라 재소자들의 형편없 는 관리상태가 무엇보다 문제일 듯했다. 그래서 수감자들은 감방과 그 밖의 시설을 매우 청결한 상태로 유지하라는 명령 을 받았다. 화장실도 제대로 못 가게 할 정도로 가혹해진 징 벌의 결과로 어쩔 수 없이 감옥 곳곳에 스민 배설물의 악취를 소독약의 지독한 박하향으로 덮어씌웠다. 수감자들에게도 면 도와 목욕, 머리 손질을 시켰고 머리의 나일론 스타킹도 벗겼 다. 면회일에는 모든 교도관이 출동했으며 행동거지에 예의를 갖추라는 주의를 받았다. 그러고 나니 외부인으로서는 실험참가자들이 그동안 얼마나 위험하고 불쾌한 실험조건 아래 놓였었는지 상상할 수 없을 정도가 되었다. 조용한 음악이 깔리고 은은한 박하향이 감도는 가운데 간 닭고기 요리와 넉넉한 양의 후식이 제공되었다. 동시에 외부 면회인들에게는 특별히 면회를 허가하는 혜택을 주는 듯한 인상을 교묘히 심어주었다. 심리학과 여대생 가운데 치어리딩 활동을 하는 매력적인 여학생을 하나 선발해 감옥을 찾아온 부모, 형제, 이성친구, 친구들을 맞게 했으며, 면회인들은 활짝 핀 장미꽃으로 장식된 대기실에서 도착시간과 대기명단의 순서에 따라 면회 차례를 기다렸다. 그러면서 재소자들이 식사를 마치고 특별히 제공된 푸짐한 후식을 들고 있는 중이니 조금만 더 기다려달라는 안내를 받았다. 기다리다 지친 면회객들이 조금씩 불안해질 무렵 안내자 여대생이 다시 나타나 후식을 포함한 식사시간이 생각보다 오래 걸리는 바람에 재소자 한 사람당 10분으로 면회시간이 제한되며 최대 두 명의 면회객만 받을 수 있게 되었다는 것을 알렸다. 면회객들이 크게 반발하자 안내 여학생은 짐짓 크게 놀라는 척하며 재소자들에게서 미리 연락을 받지 못했느냐고 물었다. 짐바르도 실험팀은 스탠퍼드 감옥은 평화롭게 유지되고 있는 편이라는 설명과 함께 면회객들이 바쁜 시간을 쪼개 어렵게 찾아온, 그러나 사회에 무익하고 이기적인 이 재소자들이 때늦은 사춘기를 맞은 사람처럼 철없는 불평불만만 늘어놓고 있다는 식으로 이야기하며 정상적인 상황에서라면 가만히 있지 않았을 면회객들을 혼란에 빠뜨리고 선동했다. 면회시간에 수감자와 면회인 사이에서 오간 대화를 보면 이 실험이 끼친 파급효과가 얼마나 컸는지를 알 수 있다. 실험이 끝나면 제일 먼저 하고 싶은 일이 무엇인지 묻는 물음에 이 감옥보다 더 좋은 곳은 없으므로 그곳에서 생활하는 것보다 더 만족을 주는 일은 없을 거라는 대답을 한 재소자도 있을 정도였다. 면회는 실제 교도소에서처럼 교도관의 감시 아래 이루어졌다. 면회시간에 어떻게 했느냐에 따라 저녁에 불이익을 받을 수도 있었기 때문에 재소자들의 태도와 말이 달라졌을 가능성이 있었다.

짐바르도는 감옥이 편안하고 아늑한 곳으로 비춰질 수 있도록 가능한 모든 방법을 동원했다. 모든 면회객들을 일일이 영접하고 시간을 내서 방문해준 것에 대해 감사인사를 했다. 또 감옥 실험의 숭고한 의미를 설명하고 면회객의 역할이 실험이 성공하는 데 얼마나 귀중한 도움을 주는지 강조했다.

면회 후 한 어머니가 아들 걱정 때문에 격앙된 감정을 숨기지 못하자 그는 아들이 심리적으로 흠잡을 데 없이 안정적이라며 주의를 다른 쪽으로 돌리려 했다. 하지만 결국 아들의 상태를 잘 꿰뚫어 본 어머니의 고집을 꺾지 못하고 퇴소조치를 하기에 이르렀다.

이제 스스로 살아 숨 쉬는 유기체가 되어버린 감옥 실험에는 수감자들뿐 아니라 실험팀마저도 비자발적 참가자가 되어버리고 말았다. 그리고 그를 보여주는 징후들은 더욱 빈번하게 나타나기 시작했다. 짐바르도를 포함한 실험팀은 재소자들의 반란이나 탈출 시도가 불가능하게끔 거의 광적으로 철저히 준비하기 시작했고 그렇게 스스로가 실험대상이 되어갔다. 심리학과의 지하공간을 철통같이 지켜내야만 한다는 위기감 때문에 이들은 이 역할극 실험이 목표하던 원래의 의도를 잃고 말았다. 과도한 보안과 관리업무 때문에 데이터를 수집하고 분석할 시간은 하루에 단 1분도 내지 못했다. 짐바르도는 이 시기를 기록한 글에 다음과 같이 딱 들어맞는 제목을 붙였다. "우리는 멍청했다. 하지만 우리 아니면 뒤처리는 누가 했을까?" 실제로 실험팀의 답답함과 절망감은 책임소재를 따져 물으며 아우성치는 만만한 희생양들, 다시 말해 24시간 내내 그들 손아귀에 갇혀 있는 재소자들을 다루는 방법과 태도에서 금방 드러났다.

실험 제4일째에는 재소자 대표들의 요청으로 초빙된 성직자의 도움을 받아 그동안 첨예화되었던 대립을 조금이나마 누그러뜨릴 계획이었다. 재소자 교화 경력이 있는 젊은 성직자가 이곳을 둘러보고 실험 과정을 관찰한 뒤 자신의 견해를 짐바르도에게 보고하는 시간이 마련되어 있었다. 이를 위해 이미 이상행동을 보이고 있는 많은 재소자들과 상세한 대화를 나누는 임무가 주어졌다. 대부분의 재소자는 이름을 말하지 않고 수감번호로 자신을 소개했다. 그러나 짐바르도의 예상과는 달리 성직자 또한 협조적인 태도를 보였고, 이것은 추후 실험을 매우 성공한 감옥 시뮬레이션으로 이끈 요인 가운데 하나가 되었다. 성직자는 수감자들에게 국선변호인과 수감생활에 대한 법률적 조언을 주는 한편 수감자들의 법적 대처능력과 가족으로부터의 지원이 매우 불충분하고 모자라다는 식으로 말하기를 서슴지 않았다. 그러나 '사지'라고 불리던 재소자는 그를 혼란에 빠뜨렸다. 사지는 그와 대화하기를 거부했으며 법률 상담도 단호히 거절했다. 자신을 이 지경으로 몰고 간 사람은 다름 아닌 자기 자신이기 때문에 그 잘못에 매우 합당한 벌을 받고 있는 것이라고 믿었기 때문이다. 스탠퍼드 감옥 실험 이야기를 처음 듣는 사람이라면 이 대목에서 사지가 결국 버티지 못하고 쓰러질 것이라는 건 어렵지 않게 예상할 수 있을 것이다. 그러나 통제선이 붕괴되었다는 것을 알린 사람은 뜻밖에도 사지가 아닌 다른 수감자였다. 아침식사 직전에 819번 수감자가 엄청난 분노폭발을 일으킨 것이다. 그는 전날 저녁 면회를 온 부모에게 '구멍방'에 갇혀 갖은 고초를 겪었던 일을 털어놓았지만 부모는 아들을 걱정하기는커녕 자기들이 감상했던 연극에 관해 쓸데없이 시시콜콜 이야기를 늘어놓았고, 그는 그 정신적 충격과 답답함으로 인해 결국 이성을 놓아버릴 정도로 폭발해버린 것이었다. 그와 짧은 대화를 나눈 후 심리적으로 매우 불안한 상태라고 진단한 성직자가 우려감을 표시하자 짐바르도는 성직자의 의견을 받아들였다. 훗날 회상하는 글에서 짐바르도는 절망감에 압도되어 쓰러지기 일보직전인 819번 재소자를 방문했는데 한 발이라도 늦었다면 큰일 날 뻔했다고 기록했다. 모든 것이 진짜가 아닌 모의실험에 불과할 뿐이며 그 또한 다른 재소자들과 마찬가지로 보통의 대학생임을 몇 번이고 거듭 확인시켜준 후에 819호는 퇴소 조치될 수 있었다. 본명이 스튜어트인

819호는 나중에 짐바르도와 가졌던 대화에서, 자신의 힘으로는 아무것도 할 수 없었던 무력감과 타인의 임의성에 아무 제한 없이 무조건적으로 내맡겨졌을 때 느꼈던 감정이 가장 고통스러웠다고 털어놓았다.

실험 참가자들이 많이 이탈한 탓에 짐바르도는 이들의 빈자리를 신선한 새 참가자들로 하나씩 채워나가야 했다. 복장뼈가 불거진 새가슴이 특징인 416호가 이제는 루틴이 되어버린 머릿니 소독 과정에서 실험에 투입되었다. 그는 마침 수감자들의 물리적 단체행동이 일어나 소화기와 밧줄, 곤봉으로 가까스로 진압되었을 때 교도소에 입소했다. 저항의 결과가 얼마나 무서운 것인지 가르쳐주기 위해 교도관들은 특히 더 반항적으로 행동한 한 수감자의 손과 발을 밧줄로 묶은 다음 복도를 끌고 다니다가 본보기로 차가운 바닥에 던져놓고 웅크리게 한 채 내팽개쳐두었다. 유명한 성가인 〈어메이징 그레이스〉의 한 소절이 흐르자 실험 과정의 진척에만 몰두했던 실험팀마저 상황의 아이러니함을 느끼지 않을 수 없었다. 일렬로 세워진 수감자들이 교도관들이 직접 개사한 성가 또는 동요를 큰 소리로 열심히 부르고 있었던 것이다. 추가로 투입되었던 416번 수감자는 나중에 스탠퍼드 감옥 실험이 종료된 후 가진 인터뷰에서 실험에 참가하기로 한 자신의 결정이 실수였음을 입소 당일 저녁에 곧바로 깨달았다고 했다. 그는 이어지는 실험에서 큰 역할을 하게 된다. 입소하자마자 거칠고 뻣뻣한 태도로 일관해 교도관들에게 미운털이 박힌 416번은 금방 저항운동의 아이콘으로 떠올랐다. 그러자 재소자들의 결속을 와해시키고 폭동 위험을 사전에 예방하기 위해 교도관 한 명이 고도의 심리전을 구사하는데, 그것은 다른 수감자들에게 그를 욕하라는 명령을 내린 것이었다. 그러나 반전은 전혀 예상치 못한 곳에서 일어났다. 군인정신으로 충만하고 복종적이며 규칙을 잘 지켜 수감자들도 함부로 하지 못하던 수감자 사지가 돌연 이 지시에 불복하고 나선 것이었다. 사지는 "욕설을 입에 담는 것은 자신의 원칙에 위배되므로 따르지 않겠다"고 재소자에게 허락된 최소한의 존엄성을 담아 말했고 그 대가로 매트리스를 빼앗기는 징벌을 받았다.

사지가 그 정도의 존엄성이나마 지킬 수 있었다는 사실은 짐바르도가 연구보고서에 기록한 당시의 감옥 내 분위기를 고려했을 때 상당히 놀랍고 인상적이었다. 수감자들은 의자를 모자처럼 머리에 이고 프랑켄슈타인과 신부 역할을 하며 사랑을 맹세하는 촌극을 하라는 명령을 받았다. 그들이 그

대로 이행하자 교도관들은 웃고 조롱했다. 또 초라하고 민망한 가운을 입은 채 염소 흉내를 내며 동성애를 연상시키는 행동을 강요받기도 했다. 새로 들어온 416호 재소자가 저녁식사로 나온 소시지 두 개를 먹지 않겠다고 버티자 양손에 소시지를 들려 구멍방으로 이송되었다. 사지에게 그를 욕하고 밟으라는 명령이 떨어졌고 사지는 다시 자신의 원칙을 내세우며 이를 거부했다. 또 다시 벌이 내려졌고 사지는 수감자 두 명의 무게를 등에 얹은 채 팔굽혀펴기를 하다가 그만 쓰러지고 말았다. 이렇게 했는데도 교도관들이 요구하는 욕설은 끝끝내 그의 입에서 나오지 않았다. 교도관들과 지루한 설전을 벌인 끝에 지칠 대로 지친 그는 설령 자신이 그 욕설을 하더라도 거기에는 절대 어떤 의미도 담지 않겠다고 선언했다. 기어이 그가 욕설을 하게 만드는 데 성공한 교도관들은 긴 싸움이 자신들의 승리로 끝나자 이번에는 또 욕을 했다는 트집을 잡아 사지에게 다시 한번 지옥의 팔굽혀펴기를 시켰다.

훗날 짐바르도와 결혼한 여성 심리학자 크리스티나 매슬랙Christina Maslach(번아웃 증후군 연구로 잘 알려져 있다-옮긴이)의 등장은 점점 나락으로 빠져들던 이 실험의 향방을 가르는 결정적 계기가 되었다. 감옥에서 일어나는 일들을 잠시 관찰한 매슬랙은 상황을 정확하게 판단한 듯하다. 매슬랙은 실험에 참가한 청년들의 심리가 불안정해진 원인이 짐바르도에게 있으며 수감자 역할의 참가자들뿐 아니라 교도관 역할의 참가자들의 정신까지도 심각한 위험에 빠질 수 있다고 경고해 짐바르도를 설득하는 데 성공했다. 짐바르도는 그녀의 의견을 받아들였고, 5일 만에 실험은 결국 중단되었다.

짐바르도의 실험이
일상생활에서 갖는 의미

스탠퍼드 감옥 실험은 고등학교 교과과정에 올라 있으며 지금까지 각종 미디어의 단골 소재가 되고 있다. 또 책과 영화의 원작으로도 빈번히 활용되었고 대학교에서도 관련 학과의 강의내용에서 중요하게 다루어지고 있다. 그래서 이 실험에 대해 듣거나 알고 있는 사람이 꽤 많다.

그럼에도 불구하고 여기서 필립 짐바르도의 실험을 상세히 소개한 이유는 이 실험이 전달하는 메시지가 매우 다층적인 차원에서 지구상 모든 사람에게 해당될 뿐 아니라 인간 정신의 어두운 단면이 암시하는 바를 대표적이고 유의미하게 잘 나타내고 있기 때문이다.

이 실험의 드라마틱한 결말이 이야기하고자 하는 것은 모든 사람 안에는 악이 존재하며 이 악함은 적당한 조건이 갖춰져 겉으로 드러나기만을 기다리고 있다는 깨달음이다. 높은 교육수준과 열린 인식을 갖춘, 앞날이 창창한 젊은이들이 단시간 내에 난폭하고 잔인한 파시스트, 쓰레기 같은 인간 말종으로 전락했다. 인성 좋고 배려심 있기로 유명했던 유능한 심리학자들은 사람의 심리와 행위를 무차별적으로 난도질하고 조종하는 무지막지한 범죄자가 되었다. 환경이라는 틀이 얼마나 한 사람의 운명과 태도를 결정하는지, 그가 견뎌야 하는 압박이 어느 정도로 폭력적 행동을 조장하는지가 이 스탠퍼드 감옥 실험을 통해 범죄 촉발 요인과 잔인성에 관한 연구의 중심 테마로 떠올랐다.

권력이라는 의식이 인간의 심리에 미칠 수 있는 엄청난 영향 또한 이 실험에서 특히 집요하게 다루어진 부분이다. 의사의 흰 가운이든 경찰 제복이든 한정판 운동화든, 권위를 상징하는 것을 몸에 걸쳤을 때 인간은 심리적 상태와 행동양식에 어떠한 방식으로든 영향을 받는다. 학생들에게 아무 의미 없는 벌을 내리려 할 때 유독 번득거리는 교사의 눈동자, 부

감옥 실험은 한 사람의 운명과 태도를 결정하는데
환경의 영향이 얼마나 큰가를 보여준다

하직원을 호되게 책망하는 상사의 히스테릭한 목소리에 스며들어 있는 깨알 같은 즐거움을 우리는 경험으로 잘 안다. 스탠퍼드 감옥의 수감자들은 징벌을 주러 올 때를 위해 특별히 고안된, 교도관들의 아주 즐거운 듯한 리드미컬한 발소리가 들리면 몸을 떨어야 하는 순간이 왔다는 것을 배웠다. 그러나 이 광경이 가진 가장 특별한 점은 이전에는 평화롭고 이성적이었던 사람이 매우 짧은 기간 동안 제한된 작은 영역 안에서 권력이 주어지기만 했는데도 최단시간 안에 최고 악당으로 변신했다는 사실이 아니다. 정말로 충격적인 것은 희생자인 수감자들이 이들을 비웃거나 무시하지 않는다는 것이다. 희생자들은 무서움에 떨며 이들의 전횡을 받아들인다.

교도소에 관한 연구 분야 또한 이 실험을 통해 많은 지식을 얻었다. 원칙적으로 교화와 재사회화라는 목적 아래 설립된 교도소는 재소자의 폭력적 경향을 완화하거나 진정시키기는커녕 오히려 강화시키는 경우가 많다. 복역 이후의 재범률은 예전이나 지금이나 여전히 높다. 그러나 짐바르도의 실험에서 얻은 지식에 힘입어 교도소 내 분위기를 개선하고 지원 장치를 확충하려는 시도가 이루어지는 성과가 있었다.

짐바르도 감옥 실험의 기록은 특히 심리학도들에게 많은

고민과 사유의 계기를 제공한다. 스스로가 심리전문가인 짐 바르도가 어떻게 그 안에 말려들어갈 수 있었을까? 전문가로서 인간의 행동, 욕구, 동기에 대해 아무리 많이 알고 있다고 하더라도, 몇 시간을 들여 발표할 수 있을 만큼 확신을 가지고 연구한 학문적 지식이 막상 자신의 일이 되면 무용지물이 되는 것을 피하기 힘들다는 점 하나만은 부정할 수 없다.

위험한 다네리언

"모든 편견에는 한 조각의 진실이 담겨 있다"라는
말은 편견의 정당성을 주장하는 사람들이
흔히 끌어다 쓰는 말이다.
이 대중심리학적 지혜를 철저히 파헤친
유진 하틀리는 다네리언의 사회적 지위에 대한
놀라운 사실들을 발견했다.

혹시 다네리언Danerian에 대해 들어본 적이 있는가? 월로니언Wollonian과 피레니언Pirenian이 무엇인지는 아는가? 이들과 친해지고 싶은가? 아니면 끼리끼리 어울리는 말든 당신 자신은 다네리언 따위가 뭔지 알 필요 없다는 입장인가? 자신의 일반상식을 의심해보기 전에 다네리언, 월로니언, 피레니언에 대해 알지 못하는 것이 전혀 부끄러울 일이 아니라는 것을 우선 알고 시작하자. 왠지 특정 민족의 이름을 연상시키는 이들 세 그룹은 유진 하틀리Eugene Hartley라는 심리학자가 지어낸 개념이다. 본래 호로비츠라는 유태인식 성을 갖고 있던 그는 당시 나치시대에 횡행하던 편견과 싸워야 했고 결국 1942년에 미국식 성으로 이름을 바꿨는데, 이런 경험을 통해 편견이 어떻게 생겨나는지에 대해 관심을 갖고 연구하게 된 듯하다. 2002년 작고한 그는 그룹효과에서부터 시작해 어떤 상황에서 인간이 더욱 편협해지는가에 대한 물음을 망라하며 소수가 당면한 어려움들을 파헤치는 데 연구자로서의 일생을 바쳤다.

하틀리의 연구 가운데 오늘날 거의 잊히다시피 한 실험이 있다. 그것은 어떤 집단의 한 사람과 얽힌 부정적 경험이 그 집단 전체에 대한 편견을 만들어내는가 하는 이론에 대한 것이었다. 이 가정에 따르면 어떤 집단 구성원 중 최소 한 명 이상과의 접촉에서 불쾌한 경험을 했을 때 비로소 그 집단에 대한 반감이 생긴다고 한다. 그러나 하틀리는 이 가정에 의구심을 품고 실험을 통해 직접 알아보기로 했다. 이를 위해 그는 미국의 여러 대학에 협조 요청을 보내 젊고 똑똑한 학생 중 졸업 후 수년 내에 기업이나 학계에서 책임자 위치에 오를 거라고 촉망되는 전도유망한 학생들을 인터뷰하고 싶다는 의사를 전했다. 그가 선정한 대학들과의 연락은 성사되었고 그는 그곳 교수진들과의 개인적 친분을 이용해 최대한 많은 수의 학생에게 설문지를 보냈다. 설문대상자들끼리 겹치는 점을 최소화하기 위해 하틀리는 최대한 다양한 대학과 전공을 선정하려 노력했다. 될 수 있으면 모든 경제적, 사회적 계층을 포괄하며 각 대학의 고유한 교풍과 상이한 세계관이 고루 반영될 수 있도록 하는 데 주안점을 두었다. 이를 위해 세계적으로 잘 알려진 명문대학인 프린스턴 대학과 컬럼비아 대학을 포함시키기로 했다. 설문대상자를 성실하며 의욕 넘치는 사람들로 선정하려고 할 때 그런 사람들을 빠르게 확보할 수 있는 가장 효과적인 방법은 대학생을 상대로 설문지 조사를 하는 것이다. 그래서 대학에 설문지를 위탁하는 방법이 종종 쓰이곤 한다. 강의시간이 끝나고 잠시 남아 설문지 조사에 응하면 되기 때문에 학생으로서도 큰 부담이 없다.

우선 144명의 참가자가 선정되어 개인 신상에 관한 질문에 대답했다. 미국인인지, 부모도 미국인인지, 아니면 프랑스인인지 폴란드인인지, 무신론자인지 파시스트인지 사회주의자인지 등의 여부를 묻는 질문이 있었다. 여기까지는 대부분의 학생이 별 고민 없이 해당되는 사항에 동그라미를 쳐나갔다. 그런데 문제는 그다음에 나온 질문이었다. 예시에 '다네리언’, ‘월로니언’, ‘피레니언’등의 단어가 나오자 학생들은 자신은 여기에 해당하지 않는다고 생각했다. 언급했다시피 모두 하틀리가 지어낸 가상의 집단이었다. 학생들은 이들 집단에 대해 어떻게 생각하느냐는 질문에 답해야 했고, 설문지를 계속 작성하려면 그냥 넘어갈 수 없는 중요한 부분이었다. 위에 나온 집단에 대한 개인적 견해에 대한 답으로 8개의 선택지가 제시되었다. 선택지는 다음과 같았다. 첫째, 이 집단에 속하는 사람이 추방되는 것을 환영하는 바이다. 둘째, 응답자의 국가에서 주거는 안 되지만 방문객으로 오는 것은 괜찮다. 셋째, 시민권이 부여되어도 좋다. 넷째, 응답자가 사는 국가에서 응답자와 동일한 업종에 종사해도 괜찮다. 다섯째, 학교 동급생으로 받아들일 수 있다. 여섯째, 이웃주민으로 어울려 살 수 있다. 일곱째, 동아리 회원으로 받아들여 친구로 삼을 수 있다. 여덟째는 응답자가 자유로이 작성할 수 있도록 빈 칸으로 남겨두어 예를 들면 ‘혼인하거나 가족으로 받아들일 수 있다’ 같은 답을 쓸 수 있도록 했다. 첫 번째 선택지는 해당 집단에 대한 매우 부정적인 인식을, 맨 마지막 선택지는 매우 긍정적인 인식을 뜻한다. 학생들은 총 32개의 민족, 7개의 종교집단, 7개의 정치집단, 그리고 하틀리가 만들어낸 다네리언, 월로니언, 피레니언이라는 상상 속의 세 집단에 대한 인식에 대해 답해야 했다. 물론 학생들은 존재하지 않는 이 상상 속 집단들과는 그 어떤 접촉이나 경험도 할 수 없었다.

편견이 부정적 경험을 바탕으로만 생성될 수 있다는 가설에 따른다면 다네리언, 월로니언, 피레니언에 관한 인식은 긍정적이거나 최소한 중립적인 답변으로 돌아와야 한다. 그러나 하틀리, 구 호로비츠가 설문지를 수거해 검토한 결과 학생들이 이 질문에 특히 더 주저하거나 고민했다는 흔적은 별로 보이지 않았다. 특히 다네리언에 대한 답변은 굉장히 부정적이었다. 거의 나치와 비견될 정도의 부정적 인식을 보여주었는데 설문이 실시되었던 시기(논문은 1946년도에 출판되었다)에 나치에 대한 반감이 최고조였던 것을 고려해보면 매우 충격적이고 놀라운 일이었다.

실험결과를 분석한 유진 하틀리는 부정적 경험뿐 아니라 정보 유무의 여부 또한 편견이 생기는 데 핵심적 역할을 한다는 것을 발견했다. 어떤 사건이나 사람에 대해 아는 것이 적으면 적을수록 비판적인 태도를 취하게 된다는 것이다. 하틀리의 결론 가운데 흥미로운 것이 하나 더 있었다. 세 가상집단을 심하게 부정적으로 평가한 학생들은 실재하는 다른 모든 집단에 대해서도 낮은 점수를 매기며 전반적으로 부정적인 인식을 보였다는 사실이다. 하틀리는 이 현상을 다음과 같이 분석했다. 다른 이들보다 더 편협한 사람이 존재하는 듯 보이며 어떤 집단이 아무런 원인을 제공하지 않아도 그 사람은 편견이나 선입견을 가진다는 것이다. 하틀리는 이런 사람들이 가지는 편협함은 타인과의 경험과는 아무 연관이 없으며 오히려 인간에 대한 보편적 불신 및 개인적 인성구조와 깊은 관계가 있는 것으로 보인다고 결론을 내렸다.

하틀리의 실험이
일상생활에서 갖는 의미

하틀리는 종교, 배경, 피부색, 이름 등에 따라 많은 이들이 맞닥뜨리는 편견이 세간에서 흔히 주장되는 것과는 달리 '손톱만큼의 진실에도 근거하지 않음'에도 불구하고 생겨날 수 있음을 간단한 연구를 통해 성공적으로 보여주었다. 세상과 타인을 바라볼 때 최소한도로 도식화된 단순한 시선 이상 더 무엇이 필요하겠느냐는 부족한 인성이 매우 유감스럽게 느껴진다.

하틀리의 실험은 심리학에서 자주 활용되는 설문기법의 발전이라는 측면에서도 상당히 큰 성과를 이루어냈다. 심리학자의 머릿속에서 탄생한 상상의 집단을 응답자들이 눈 하나 깜박하지 않고 순식간에 평가했다는 것은 무엇을 의미하는가? 그것은 사람들이 모르는 것을 모른다고 순순히 인정하기보다 차라리 우연을 기대하고 아무렇게나 대답하거나 질문 자체가 잘못되었다고 믿는 경향이 있음을 뜻한다. 따라서 전 세계의 모든 심리학 연구자가 지난 수십 년 동안 설문조사를 통해 얻어낸 결과에 근거한 이론들은 앞서 말했듯 응답자가 자신이 어떤 용어를 알지 못한다는 것을 인정하기 싫어서 대강 채워낸 설문조사에 바탕을 두었을 가능성이 크다는 것을 알 수 있다.

붉은털원숭이와 사랑에 대하여

심리학은 인간의 실제적 관심과 생존의 절박함을 비껴가는 학문으로 치부되는 일이 적지 않다. 심리학적 질문 중 이른바 차원이 높다고 여겨지는 것들에는 일반인이 관심과 흥미를 느끼기 상당히 어렵기 때문에 우리는 심리학자들이 일상생활과 밀접하게 관련이 있는 주제들을 일부러 피하는 게 아닌가 하는 인상을 받기 쉽다. 우리가 매일 직면하는 사건들의 복잡다단함과 기묘함을 떠올려보면 이 말은 일견 일리가 있다고 할 수 있다.

이를테면 사랑에 대해 생각해보자. 구현하기 어렵지 않은, 상대적으로 단순한 자연과학적 방법으로 그토록 비밀스럽고 계속 변화하며 이해하기 어려운 사랑이라는 개념을 연구할 수 있다고 믿는 사람이 있을까? 유감스럽게도 과학은 단순히 관심이 있다고 해서 연구할 수 있는 것이 아니라 어떤 연구방법을 적용할 수 있는지에 따라 연구 여부가 결정되는 경우가 많다.

사랑을 연구할 수 있다고 믿은 무모한 심리학자가 있었다. 그는 사랑에 관한 더 많은 진실을 알려면 인간의 경험과 행동에 관해 쓰인 심리학 서적을 보는 것보다 시를 읽는 것이 낫다는 취지의 문장으로 연구논문의 머리말을 열었다. 그 심리학자는 1905년 해리 이스라엘이라는 이름으로 미국 아이오와주에서 출생한 해리 F. 할로우_{Harry F. Harlow}였다. 그는 자신의 연구 결과에 스스로 깊이 감탄한 나머지 논문 앞머리에 그렇게 밝혔음에도 '사랑의 본성'이라는 상당히 겸손과는 거리가 먼 거창한 제목을 달아 발표했다.

스탠퍼드 대학교 출신으로서 장래가 촉망되던 그는 영장류 연구를 전문분야로 삼기로 했고 위스콘신 대학교에 자리를 얻어 오래된 공장시설을 이용해 단출한 영장류 실험실을 차렸다. 연구 활동을 시작한 초창기에는 원숭이의 기억능력과 지능을 연구주제로 삼았다. 그러나 얼마 지나지 않아 그의 주된 관심은 원숭이의 사회적 행동으로 옮겨갔고 1950년대 말에 이르러서는 붉은털원숭이를 이용한 실험을 시작했는데, 이 실험들은 이후 심리학 실험의 역사에서 그 잔인함으로 충격을 안겨주는 특수한 예로 기록된다. 혹시 붉은털원숭이를 본 적이 있는가? 매우 작고 약간 쪼그라든 듯한 얼굴에 크고 짙은 또랑또랑한 눈동자, 포근하고 부드러운 회갈색 털, 거의 투명에 가까운 맨들맨들하고 쫑긋한 귀를 가진 원숭이다. 어린 붉은털원숭이를 보면 누구라도 이런 반응을 할 수밖에 없다. "와! 귀여워요! 한번 쓰다듬어봐도 돼요?" 태어난 지 몇 달 안 된 어린 개체는 귀엽다는 특징 말고도 사회적 행동 면에서 인간의 아기와 매우 흡사함을 보인다. 감각의 발달 및 공포와 답답함 같은 감정을 인식하는 능력, 또 그 밖의 것들을 학습하는 데서도 인간의 아기와 원숭이의 아기는 초반에 비슷한 발달순서를 보인다. 그러므로 심리학자 할로우에게는 엄마와 아이를 이어주는 애정과 애착관계를 연구하는 데 아기 원숭이가 매우 적합한 대상이었다.

여러 번의 준비실험들을 거친 후 할로우 연구팀이 발견

한 사실이 있었다. 어미와 분리되어 홀로 떨어진 아기 원숭이는 단지 먹을 것만을 넣어준 우리에서보다 먹을 것과 함께 부드러운 헝겊조각을 넣어준 우리에서 더 높은 생존율을 보였다는 것이었다. 먹이만 넣어준 우리에 살던 아기 원숭이들에게 부족했던 것은 무엇이었을까? 이들은 꼬박꼬박 먹이를 먹었고 추위나 소음에 둘러싸이지도 않았으며 연구원들의 조심스러운 보살핌을 받았다. 연구원들은 여러 가능성에 대해 다양한 토론을 해보았다. 그리운 어미가 없으니 헝겊조각에서라도 위로를 받은 것일까? 갓 태어난 새끼 원숭이가 애정을 쏟은 대상이 엄밀히 말해 어미였을까 아니면 부드러운 천 자체였을까? 곧 연구팀은 철사로 엮어 만든 인공 어미에 새끼 원숭이가 어떻게 반응하는지 조사해보기로 했다. 어미와 흡사하게 엮어 만든 철사 뼈대를 헝겊으로 감싼 모형에다가 젖이 나오는 우유병과 따뜻한 열선을 달아 절대로 화내거나 새끼를 내치지 않는 이상적 어미를 만들었다. 또 반대쪽에는 똑같이 우유병과 열선은 달았으나 부드러운 헝겊으로 감싸지 않아 새끼 원숭이가 몸을 부빌 수 없는 철사 어미를 만들어 배치했다.

갓 태어난 새끼 네 마리를 집어넣은 우리에 두 개의 종이박스가 매달린 형태로 설치되었다. 한 종이박스에는 젖병이 달린 헝겊 어미가, 다른 한 종이박스에는 철사로 만들어지고 젖이 나오지 않는 어미를 놓아두었다. 또 다른 새끼 네 마리에게도 똑같이 어미 인형이 주어졌으나 다른 점은 헝겊 어미에게서는 젖이 나오지 않고 철사 어미에게서만 젖이 나오는 장치를 설치했다는 점이었다. 새끼들은 언제고 아무 종이상자에나 기어들어가 원하는 인형과 접촉할 수 있었다.

새끼들에게 충분한 젖을 공급하는 지침을 엄격히 지켰고 원하면 추가로 어미 인형에게서 더 젖을 먹을 수 있도록 했다는 점에서 할로우의 실험방법은 아직 흠잡을 곳이 없었다. 또한 새끼 원숭이들이 좀 더 아늑하게 있을 수 있도록 발열쿠션으로 우리를 따뜻하게 유지시켰다. 할로우는 새끼들을 관찰하면서 어느 어미에게서 얼마나 시간을 보내는지, 어느 어미에게 얼마나 자주 가는지 아주 면밀하게 기록을 남겼다. 어느 어미 인형에게 새끼가 많이 몰렸는지, 그들이 어미를 선택할 때 무엇이 가장 중요한 기준이었는지 짐작 가는 바가 있는가?

따뜻한 발열쿠션이 깔린 우리 바닥을 떠나 어미가 있는 종이박스로 기어 올라간 이유는 무엇이었을까? 생존에 필요한 젖이 나오는 어미를 새끼들이 선호했을 거라는 점은 쉽게 추측이 가능하다. 그런데 연구팀은 젖이 나오는 헝겊 어미와 젖이 나오지 않는 철사 어미를 넣어둔 우리의 새끼들뿐 아니라 젖이 나오지 않는 헝겊 어미를 넣은 다른 우리에 있던 새끼들에게도 헝겊 어미가 단연코 더 많은 사랑을 받았다는 흥미로운 사실을 발견할 수 있었다. 젖에 대한 욕구가 완전히 다른 무언가에 의해 뒤로 밀려났던 것이다.

이러한 관찰 결과에서 엄마와 어린 자녀 관계를 결정짓는 핵심요인은 먹이 같은 물질적 자원이 아니라 아이와의 신체 접촉이라는 결론을 끌어낼 수 있었다. 경직된 사고가 지배하던 1950년대에 이 발견은 예상을 벗어나는 매우 중요한 발견이었다. 그때까지 심리학의 주류를 이루고 있었던 행동주의 내부에서 지나치게 엄격하고 조심스러운 어머니의 간섭이 없을 때 오히려 자녀가 더 잘 성장하지 않을까 하는 질문이 서서히 일어나던 시기였다. 육아전문가들은 아이들을 나약하게 키워서는 안 된다고 주장했고 모유수유가 당연하고 자연스러운 것으로 받아들여지기는커녕 일부 계층에서 상스럽고 무식한 행동으로 여겨지기까지 했던 시대였다. 할로우는 당시 유행하던 엄격한 육아방법에 대해 반론을 펼치며 어머니는 아이가 힘들 때 언제나 의지할 수 있는 굳건한 항구 같은 지대한 역할을 한다고 주장했다. 이 주장을 뒷받침하기 위해 새끼 원숭이들을 위협하거나 놀라게 하는 실험을 했는데, 겁에 질린 새끼들은 할로우의 예상대로 언제나 헝겊 어미에게로 달려가 물에 빠진 사람이 절박하게 지푸라기를 움켜잡듯 어미에게 꼭 매달리는 행동을 보였다. 그 상황에서는 어미에게서 젖이 나오는지 여부는 아무런 역할도 하지 않았다. 그렇다면 애정 어린 관심에 대한 욕구가 신체적 만족에 대한 욕구보다 더 크다는 뜻인가? 연구 결과를 해석한 할로우의 의견은 1958년에 발표된 논문의 결론부분에서 다음과 같이 간결하고 명확하게 나와 있다.

"현재의 사회경제적 요구 및 앞으로 진행될 사회경제적 흐름을 볼 때 미국의 학계와 산업 방면에서 여성이 남성을 대체하리라는 것을 알 수 있다. 만일 이 예측이 그대로 실현된다면 우리는 올바른 육아란 무엇인지에 대해 진지하게 고민하지 않을 수 없다. 한 가지 안심되는 것은 미국의 남성이 특정 분야에서 여성과 동등하게 역할을 수행할 수 있는 충분한 신체적 조건을 갖추고 있다는 점이다. 그 특정분야란 바로 육아이다."

할로우는 그의 일생을 다룬 전기에서 감정이 섬세하지 못하고 거칠며 어두운 데가 있는 인물로 묘사되었지만, 자신이 행한 원숭이 애착실험에서 다음과 같은 결론을 끌어냈다. "1950년대 당시까지만 해도 남성이 지배했던 학계와 재계, 산업계에서 여성의 진출이 지지부진했지만 여성의 미래를 결코 우려할 필요가 없는 이유는, 신체조건이라는 요인 하나로 볼 때 남성도 여성 못지않게 아이를 잘 키우고 돌볼 능력을 갖추고 있기 때문이다."

할로우의 실험이
일상생활에서 갖는 의미

해리 F. 할로우의 실험은 윤리적으로 매우 문제가 많은 실험이었다. 그럼에도 그는 심리학이 오늘날처럼 발전하기까지 여러 면에서 많은 공헌을 했다. 유아의 인식능력을 매우 제한적으로 여겼으며 인간의 행동이 오직 자극과 그에 대한 반응으로만 이루어진다는 것을 증명하려는 시도가 심리학 연구의 주류를 이루었던 시대에 할로우는 행동주의자들이 가장 심리학과 무관한 것으로 여기던 테마, 다시 말해 어머니와 자녀 사이의 사랑이라는 주제를 전면에 앞세워 연구한 사람이었다. 그는 포유동물이 단순히 생존에 유리한 사회적 관계에 반응하는 데에 그치지 않으며, 그 외의 요소들이 기본적 욕구를 만족시키며 애착관계를 세우는 데 역할을 하는 것으로 보았다. 이 발견은 무엇보다도 소아과학이 발전하는 데 도움을 줬다. 할로우가 살았던 시대에는 분만 후 아기를 엄마에게서 곧바로 분리해 따로 돌보는 것이 보통이었다. 오늘날에는 출생 후 바로 이 시기에 부모와 아기 사이에 애착형성이 시작된다고 봐서, 이때 아기와 엄마는 함께 소중한 시간을 보내도록 배려를 받는다.

또한 아기가 울거나 소리를 지를 때 바로 달려가면 버릇이 나빠진다는 걱정, 너무 많이 안거나 업으면 손을 타서 떼쓰는 아이로 자랄 것이라는 우려는 할로우의 연구 이후 그 근거가 희박해졌으며 최신 육아법에서는 더는 받아들여지지 않고 있다. 오늘날 너무도 당연한 것으로 여겨지는 부모의 사랑과 관심의 중요성은 불과 몇십 년 전까지만 해도 연구대상 자체가 되지 않았고 종종 폄하되었다. 이것이 최근에 와서 자녀 양육의 핵심영역으로 인정받게 되는 계기를 마련한 사건은 해리 F. 할로우의 잔혹한 실험들이라고 할 수 있다.

셰리프
여름캠프 실험

방울뱀의 복수

"독수리 타도! 독수리 타도!" 열 명 남짓 되는 11세 미국 소년들이 구호를 외치며 적진에 점점 다가가고 있었다. 이제 몇 발자국만 더 가면 마침내 방울뱀 무리가 독수리 무리에게 과감한 복수전을 감행할 수 있는 순간이었다. 오클라호마주 샌보이 산맥의 빽빽한 삼나무 숲속을 전진하는 소년들이 왜 이렇게 흥분했는지, 무엇 때문에 화가 났는지 제 아무리 눈치

빠른 보초병이라 해도 알 길이 없었다. 사실 이것은 20세기 심리학 연구사에서 가장 특이하고 중요한 것으로 손꼽히는 실험의 한 장면이었다.

이 특이한 실험의 수장은 터키 출신 사회심리학자 무자퍼 셰리프Muzafer Sherif로, 그의 주된 연구 분야는 집단 속 인간의 행동과 감정이었다. 1906년에 태어나 많은 형제들 사이에서 자라난 그는 터키-그리스 전쟁에서 거의 죽을 뻔하다 살아남았고 그 후로 집단의 갈등이 일으키는 막대한 여파와 끔찍한 결과들을 여러 차례 직접 눈으로 보면서 살아야 했다.

미국으로 건너와 연구생활을 이어가려고 하던 1929년에 하필이면 세계경제공황이 시작되었다. 베를린에서 수학할 때는 아돌프 히틀러가 정권을 잡는 과정을 생생하게 목격했다. 나치 정권을 비판한 논문을 여러 건 발표하며 터키 정부로부터 미움을 산 그는 정식 절차도 없이 27년이라는 징역형을 받았다. 수많은 학생의 반대정원이 이어진 덕분에 셰리프는 4개월을 복역한 뒤 석방될 수 있었으며 그 후로 미국에 머무르며 집단심리를 연구했다.

무자퍼 셰리프는 예상 밖의 장소, 의외의 장소들을 연구의 무대로 삼았다. 이 세상 어디서건 사람이 사람을 맞닥뜨리지 않는 장소는 드물다. 그리고 사람과 사람이 만나는 곳에서는 언제나 기이하기도 하고 때론 위협적이기도 한 집단작용이 발생한다. 그러나 사람들 사이의 이런 우연한 만남을 실험적으로 통제하고 측정하기란 매우 어렵다. 방법적인 면에서 허점이나 결핍이 없도록 연구자가 심리학적으로 필요한 사전장치를 마련하기도 전에 주목할 만한 사건이 이미 발생해버리는 일이 대인관계에서는 빈번히 일어나기 때문에 기록이나 분석이 불가능해지고 마는 경우가 많다.

심리학 연구에서 많이 적용되는 실험연구는 실제상황을 불충분하게 재현하는 제한적 모방이라는 한계점이 있다. 어떻게 하면 피실험자에 대한 사전정보 또는 연구자의 기대심리에 의해 왜곡되거나 변형되는 일 없이 공격성, 갈등, 속성 혹은 적개심을 품게 하는 대상의 탄생과정을 올바로 연구할 수 있을까가 심리학 연구의 고질적 과제였다.

연구 결과가 왜곡되는 것을 피하려고 무자퍼 셰리프는 원하는 모든 현상이 안전하게, 또 비교적 긴 시간 동안 관찰되기에 적합한 장소를 골랐는데 그곳은 바로 캠핑장이었다. 다수의 젊은이로 이루어진 집단이 최소 며칠 이상 한 곳에 머무르기 때문에 실험실에서는 관찰할 수 없는 복합적인 집단

효과가 자연스레 발생할 수 있으리라고 예상한 것이다.

단계1

중산층 개신교 집안의 평범한 11세 소년 22명은 앞으로 다가올 한 주 동안 무슨 일이 일어날지 전혀 알지 못한 채 즐거운 마음으로 로버스 케이브 주립공원으로 향하는 버스에 올라탔다. 그곳에는 몇백 년 된 빽빽한 수림과 개암나무덤불이 무성하게 자라나 있고 얼음장처럼 차가운 시냇물과 검푸른 연못들이 곳곳에 펼쳐진 그림처럼 아름답고 한없이 드넓은 캠핑장이 그들을 기다리고 있었다. 캠핑장은 두 개의 큰 캠핑 그룹이 들어가도 될 만큼 넓었는데, 한 그룹이 수영, 바비큐, 등산, 축구, 낚시를 하면서도 다른 그룹이 노는 소리를 듣거나 모습을 보지 못할 정도였다. 22명이라면 그리 많은 인원은 아니었지만 연구팀은 이들을 한 그룹으로 묶지 않고 반(편의상 A그룹과 B그룹)으로 나누었다. 집단갈등을 일으키는 최적의 조건을 만들기 위해서였다.

그룹을 나눌 때는 양쪽 아이들의 능력이나 힘이 어느 한쪽으로 치우치지 않도록 세심히 주의를 기울였다. 운동을 잘하는 아이, 손재주가 좋은 아이, 논리적 사고를 잘하는 아이

등의 숫자가 엇비슷하도록 맞추었다. 연구팀은 일단 상대편 그룹이 가까이에서 캠핑을 한다는 사실을 알려주지 않았다.

한 그룹이 된 아이들은 다양한 활동을 통해 서로 가까워 졌다. 상대편 그룹과 떨어진 캠핑장에서 함께 생활하며 소곤 소곤 수다를 떨거나 야구를 하고 숨겨진 물놀이 장소를 새로 발견해내거나 하면서 금세 단단한 결속력으로 뭉쳐진 패거리 가 되었다. 특히 야구에서는 언제든지 다른 팀을 만나 훌륭한 경기를 펼칠 수 있을 정도로 서로의 역할을 잘 나누어 훈련했 다. 심리학적 측면에서 이를 해석하자면 다른 팀과 경기를 하 고 싶다는 아이들의 희망은 자기 팀의 실력이 어느 정도인지 겨뤄보고 싶다는 단순한 생각이 아니었다. 우리는 저들과는 다르다는 차별성과 유일성을 확인시켜줄 수 있는 적개심만큼 한 집단의 단결력과 소속감을 크게 강화하는 것은 없다.

얼마 지나지 않아 모든 팀원이 합의해 그룹 내 규칙이 형 성되었다. 결정권자, 전략가, 비판자로 구성된 명확한 위계질 서가 만들어졌던 것이다. 아이들은 가벼운 부상을 입었을 때 불평하거나 울지 않기로 하는 명예서약을 만들었고 A그룹에 서는 욕설이 멋진 것으로 받아들여지며 욕설을 하는 행위를 서로 장려하고 칭찬하는 분위기가 만들어졌다.

이윽고 A그룹 소년들은 자신의 그룹에 이름을 붙이고 로고도 만들었다. "톰 해일 래틀러스"는 이렇게 탄생했고 어두운 바탕에 무섭게 생긴 오렌지색 방울뱀이 그려진 깃발이 이들의 상징이 되었다. 멀리서도 같은 팀원임을 한눈에 알아볼 수 있게 단체로 티셔츠에 방울뱀 그림을 그려 넣었다. 소년들은 커다란 방울뱀 깃발을 자기네 캠프에 꽂음으로써 영역을 확실히 표시했다.

바로 다음날에는 그토록 기다리던 상대편과의 만남이 예정되어 있었다. 연구팀은 단체 티셔츠를 입고 우쭐대며 거친 말을 내뱉는 방울뱀 그룹(A그룹)을 저녁 식사 후 숲속으로 유도해 야구게임을 하던 다른 그룹(B그룹)의 눈에 띄도록 만드는 계획을 세웠다. B그룹 아이들은 즉각 A그룹을 만나 야구 대결을 하고 싶다는 의사를 밝혔다. B그룹 아이들이 어린애들다운 유치한 야구 전술을 연마하고 있던 그 야구장은 그때까지 그들만 사용하고 있었으므로 자기들만의 선용 야구장이라고 생각하고 있었다. 그러나 자기들뿐 아니라 A그룹 아이들도 사용할 수 있는 야구장이라는 것을 그때 비로소 알게 된 B그룹 아이들은 금방 뾰로통해졌다.

다음날 오후, 연구팀은 전체 아이들에게 각자의 그룹 말고도 다른 그룹이 캠핑장에서 캠핑을 하고 있으며 이들 사이에 여러 차례 경기가 예정되어 있다는 사실을 공식적으로 알려주었다. 말이 떨어지기가 무섭게 방울뱀 그룹은 부산스럽게 대결 준비에 들어갔다. 텐트 치기나 접기처럼 평소에는 귀찮아했던 일들도 소매를 걷어 올리고 군말 없이 해냈다. 조직 내 사기와 단결심은 단숨에 하늘로 치솟았다. 단합력은 특히 소년들이 즐겨 놀던 연못에서 명료하게 드러났다. 에버렛과 심슨이라는 두 소년은 그때까지 수영을 할 줄 몰랐는데, 아이들의 열렬한 응원과 격려에 힘입어 헤엄과 잠수를 번갈아 하며 단숨에 꽤 많은 거리를 혼자 나아가는 데 성공했을뿐더러 몇 시간에 걸쳐 함께 공들여 설치한 점프대에서 뛰어올라 물속으로 점프하는 데 성공하기까지 했다. 방울뱀 소년들은 두 아이를 가운데 두고 환호성을 지르며 기뻐 어쩔 줄 몰랐다. 축하파티는 그날 저녁의 캠프파이어에서 절정을 이루었다.

한편 방울뱀 그룹처럼 함께 캠핑하며 단결을 쌓아온 B그룹은 스스로에게 이글스, 즉 독수리라는 이름을 붙였다. 또한 그 누구의 지시도 없었고 방울뱀 그룹의 깃발을 본 것도 아닌데 자발적으로 로고도 만들었다. 독수리 그룹에서도 역시 짧은 시간 안에 모든 아이들이 자진해서 따르는 규칙이 만들어졌다. 방울뱀 그룹과는 달리 욕설은 엄히 금지되었다. 또 가벼운 상처를 입었을 때 우는 것은 허용된 반면 집에 대한 그리움을 발설하는 것은 용납되지 않았다. 방울뱀 그룹과 달랐던 것 또 한 가지는 버스에서 불렀던 노래 중에서 아이들이 특히 좋아했던 노래 한 곡을 팀의 노래로 선정했다는 점이었다. 그룹명에 관한 흥미로운 사실 하나는 자기네 그룹 말고도 다른 또 하나의 그룹이 샌보이 산맥 캠핑장에 어슬렁거린다는 사실을 알고 나서부터 아이들이 그룹명을 더욱 중요시하기 시작했다는 점이다.

단계 2

방울뱀 그룹과 독수리 그룹이 각자 온 힘을 다해 전력을 정비하며 단합을 다지고 있을 때 제2단계가 개시되었다. 상대편과 실력을 겨루고 싶다는 아이들의 요구는 심리학자 셰리프에게 전혀 놀라운 것이 아니었다. 그가 집단갈등을 연구하기 위해 세웠던 실험모델에 들어맞았기 때문이었다.

방울뱀과 독수리 간의 시합이 기정사실로 예고되자 두 그룹의 진영은 과연 어떤 종목으로 대결하게 될 것이며 승리한 팀에게 어떤 상이 주어질까 하는 추측과 기대로 하루 종일 시끄럽게 술렁거렸다. 우리 영역을 침범하는 자는 그 누구라도 가만두지 않겠다는 기세로 방울뱀 깃발이 높이 게양되었다. 독수리 진영에서는 싸우지 말고 평화협정을 맺자는 조심스러운 제안이 슬쩍 고개를 들었으나 곧바로 무시되었다.

대결 첫날, 양쪽 진영은 승리에의 자신감과 투지로 활활 불타올랐다. 연구팀은 아이들에게 총 7일간의 대결 일정을 공표했다. 야구에서부터 보물찾기까지 모두 일곱 종목이었다. 승리한 팀에게는 트로피가 수여되고 팀원 각자에게 주머니칼이 상품으로 주어질 예정이라고 알리자 아이들은 벌써 승자가 된 것처럼 열렬히 환호했다.

제일 체격이 큰 아이가 방울뱀 팀에 소속되어 있었으므로 독수리 팀은 자기네가 불리하다고 투덜댔지만 전체적으로 양측의 승률은 엇비슷할 것으로 예측되었다.

그럼에도 불구하고 방울뱀 팀에게는 애초부터 패배가 예정되어 있었다. 연구팀이 처음부터 독수리 팀의 승리를 위해 몰래 게임을 조작하기로 계획했기 때문이었다. 패배한 팀은 조롱 섞인 노래와 거친 욕설을 뱉어냈으나 이긴 팀은 '결과에 깨끗이 승복하는 스포츠맨 정신'을 들먹이며 항의가 이어질 기회를 주지 않았다. 이어진 식사시간에서 아이들은 서로 위협적인 말을 주고받았으며 자기네 팀을 이기게 해달라는 기도를 일부러 크게 소리 내어 하기도 했다. 결국 방울뱀 팀에서 저런 깡패 같은 녀석들과는 밥을 따로 먹게 해달라는 요구가 나오기에 이르렀다.

특히 경기를 뛰지 않고 벤치를 지키는 아이들은 더 유별나게 행동했다. 방울뱀 팀의 에버렛과 해리슨은 몸으로 뛰지 않는 대신 입에서 불같은 욕설을 쉴 새 없이 뿜어댐으로써 팀에 대한 충성을 보여주었다.

한 경기 종목이 독수리 팀의 패배로 끝나자 자존심에 커다란 상처를 입은 독수리 팀 아이들은 다음날을 위한 계획을 세우기 위해 한데 모였다. 그러다가 아직 야구장에 걸려 있던 방울뱀 팀의 깃발이 문득 한 아이의 눈에 들어오게 되었다. 바람에 펄럭이는 오렌지색의 대형 방울뱀을 보자 저걸 없애버려야겠다는 생각이 들었다. 아이들은 머리를 맞대고 전략을 짰다. 과연 시간이 얼마 지나지 않아 깃대에 달려 있던 방울뱀 깃발이 갈기갈기 찢겼다. 아이들은 그러고도 분이 풀리지 않아 깃발에 불을 질렀다. 시커멓게 그을린 방울뱀은 이제 무서운 뱀이라기보다 죽어 널브러진 초라한 지렁이의 형상을 띠고 있었다.

이것을 시작으로 두 진영 간의 불미스러운 싸움이 본격적으로 벌어졌다. 일이 저절로 돌아가니 연구팀으로서는 환영이었다. 아이들은 알아서 분쟁요인들을 만들어냈고 더는 인위적으로 게임을 조작해 갈등을 유발할 필요가 없었다. 7일간의 대장정이 시작할 때만 해도 그렇게 강조되던 스포츠맨 정신은 점점 힘을 잃어갔다. 갈등이 그 정점을 찍은 것은 특히나 치열하고 길게 이어졌던 줄다리기 경기가 끝나고 난 후 패배한 방울뱀 아이들이 화를 못 이기고 야밤에 적진에 쳐들어가기로 결정한 순간이었다. 침울하던 분위기는 야간습격이라는 말이 나오기가 무섭게 일순간에 밝아졌고 모두가 결연한 의지와 복수심으로 맡은 임무를 철저히 준비하기 시작했다. 얼굴과 팔다리를 오클라호마의 검은 흙으로 칠하고, 독수리 팀이 승리의 기쁨에 취해 단잠에 빠져 있던 시각에 정찰병이 은밀하고 조심스럽게 출발했다. 그러나 독수리 팀에게도 보초병이 있었다. 격분한 방울뱀들이 소리를 지르며 떼 지어 몰려들자 그는 팀원들에게 급히 이 사실을 알렸다. 그럼에도 불구하고 캠프에는 대혼란이 벌어졌고 일부 집기가 망가지기도 했다. 이에 독수리 팀원들은 사전에 준비된 면밀한 역습으로 대응했다. 싸움이 격해져 돌덩이가 사용되기에 이르자 연구팀은 급히 아이들을 해산시키고 사태를 진정시켜야만 했다.

다음날 아침이 되었다. 밤사이 다소 머리를 식힌 독수리들은 방울뱀 적진으로 쳐들어가는 복수전을 감행했다. 이어진 경기에서 방울뱀들은 불타버린 깃발 대신 간밤의 습격 때 탈취한 청바지를 흔들며 상대편을 자극했지만 독수리들은 자신의 승리를 추접스러운 반응으로 오염시키지 않으려고 일부러 의연히 대처했다. (방울뱀의 유치한 도발을 무위로 만드는 데 성공했다고 확신한 독수리들은 팀 내의 바른생활 분위기가 무너지지 않도록 보는 사람이 민망할 정도로 온갖 애를 썼던 것이다.) 물건 탈취, 욕설 퍼붓기, 드잡이가 도저히 두고 볼 수 없는 수준으로 커지자 연구팀은 부상과 사고를 방지하기 위해 두 팀 간의 접촉을 금지하기로 결정했다. 독수리들은 연구팀에게 지난 사건 사고들에 대해 해명할 때 마치 영웅담을 늘어놓듯 했고 자신들에게 유리한 것들만 이야기했다. 그리고 그 시각부터 두 팀은 상대편과 같은 자리에서 식사하는 것을 거부했다. 다음날 양 팀 아이들에게는 하루 동안 상대편과 대결 없이 각자 단합을 즐길 수 있는 시간이 마련되었다. 특히 약한 아이들이 활동에 더 적극적으로 참여할 수 있도록 배려하는 분위기가 형성되었다. 아이들은 상대편을 '찌질이'나 '멍청이'라고 부르면서 함께 험담을 나누었고 부담 없이 편히 쉴 수 있었다.

단계 3

얽힐 대로 엉켜버려 도저히 해결점을 찾을 수 없을 것처럼 불붙었던 방울뱀과 독수리의 관계는 이윽고 세 번째 단계에 돌입했다. 이번 사회심리학 실험에서 핵심이라고 할 수 있는 화해의 단계가 시작된 것이다. 이를 위해 셰리프가 미리 마련해둔 아주 간단하고 확실한 방법은 바로 '공동의 적'이었다! 그러나 그는 공동의 적 하나만으로는 갈등을 확실히 해소하기에 충분하지 않다고 보았다. 옛 갈등이 해소된 자리에 새 갈등이 들어설 가능성이 있기 때문이었다. 셰리프는 그 대신 방울뱀과 독수리에게 서로 협동해야만 해결할 수 있는 과제를 주고 함께 시간을 보내도록 하는 계획을 세웠다. 연구진은 각 캠프에 있는 식수대를 일부러 고장 냈고 아이들이 문제 해결을 위해 서로 힘을 합쳐가며 중간중간에 나타날 수 있었던 충돌을 현명하게 비껴가는 모습을 만족스럽게 지켜보았다. 그러나 저녁식사 시간이 되자 다시 시비가 붙었고 방울뱀과 독수리는 또 다시 충돌했다. 연구팀은 이러한 퇴보현상에 당황하지 않고 손에 땀을 쥐는 재미있는 영화를 틀어주며 평화

로운 감상 분위기를 유도했다. 상영된 영화는 〈보물섬〉이었
다. 영화를 보려면 연구진에게 대여비를 내야 했고 아이들은
각자 조금씩 돈을 모아 대여비를 마련한 후 모두 모여 영화를
감상했다. 별다른 진전이 없던 화해 분위기는 이렇게 함께 시
간을 보낸 후 돈독해지기 시작했고 영화 상영 이후에도 서로
협동해야만 하는 몇 가지 과제들을 잘 수행했다. 이제 연구진
은 더는 개입이 필요하지 않다고 판단을 내렸다. 셰리프의 작
전은 대성공이었다. 하루 이틀 전까지만 해도 서로 죽일 듯
으르렁거리던 방울뱀과 독수리 들은 이제 한 자리에서 사이
좋게 식사를 했으며 다음날 같은 버스를 타고 집에 가겠다고
했다. 집으로 돌아가는 길에 오클라호마의 어느 고풍스러운
고속도로 휴게소에서 방울뱀 팀은 공동경비에서 얼마간의 돈
이 남은 것을 보고 독수리들에게 음료수로 한턱을 냈다. 아이
들은 음료수를 높이 들고 즐거운 여름을 기원하며 건배를 외
쳤다.

셰리프의 캠프실험은 60년이 넘은 지금까지도 집단갈등에 관한 전통적 심리학 실험 가운데 가장 이해하기 쉽고 오늘날의 일상생활에 접목하기 좋은 실험으로 손꼽힌다. 셰리프의 논문을 보면서 상황을 자신이 처한 직장, 가족, 학교, 기타 환경에 대입해보지 않은 사람은 없을 것이다. 원래 서로 잘 맞지 않는 타입이라고 해도 공동의 목표를 위해 힘을 합치거나 힘든 과제를 해결하려 협업하다가 가까워지는 사례를 실제로 많이 보았을 것이다. 셰리프의 실험결과들은 평범한 사람들의 일상생활뿐 아니라 수감시설, 이민자 정책, 범죄조직 간 갈등에 대한 연구에 큰 영향을 미쳤다. 자잘한 조직 내 분쟁을 압도하는 공통 목표는 갈등에 대처하는 효과적인 무기임에 틀림없으며, 적대적인 조직과의 단순한 대결구도보다 막강하다. 이 실험의 효용성은 싸우는 형제자매에게 적용하면 금방 드러난다. 공동으로 해결해야 하는 과제를 던져주면 언제 싸웠냐고 할 정도로 갈등이 평정된다. 싸워서 토라진 아이들에게 저녁식사 후 둘이 같이 식탁을 치우라고 해보자.

여름캠프 실험

서로 대립하는 관계를 개선하고 싶다면
공동의 적을 만들거나 공동의 목표를 세워보자

훌륭한 공동의 적이 생기는 건 물론("꽉 막힌 어른들 때문에 짜증나 죽겠네, 먹고 좀 뇌두면 어때. 꼭 바로바로 치워야 하나?") 여기서 더 나아가 답답한 심정을 교환하듯 서로 눈짓을 주고받으며 똑같은 한숨을 쉬게 만든다면 부모가 나서서 억지로 서로 사과를 하게 만들거나 어떻게든 화해시켜보려고 갖은 노력을 할 때보다 훨씬 중재의 효과가 좋다. 또 사원들 모두가 두려워하는 팀별 그룹과제도 공동의 목표해결을 위해 서로 협동하고 가까워지게 만드는 데에 실제 목적을 둔 경우가 많다. 만일 당신에게 이를 악물고 달려들어도 절대 해결할 수 없을 것 같은 까다로운 과업을, 그것도 하필이면 눈엣가시처럼 거슬리는 동료와 협동해서 달성하라는 업무지시가 떨어진다면 이제 누구 덕분에 그렇게 되었는지 알 수 있을 것이다. 짐작대로 그 사람은 무자퍼 셰리프다.

지퍼 하나 때문에 구원받지 못할 뻔한 이야기

학문의 역사에 매료되는 데는 여러 이유가 있다. 과거를 다시 들여다봄으로써 우리는 연구의 방향이 어느 특정한 쪽으로 흘러갔는지 알 수 있고, 그뿐 아니라 정치적인 이유로, 또 많은 경우에 사회적인 이유로 중단된 연구에는 어떤 것들이 있었는지도 확인할 수 있다. 그러나 여기 심리학의 역사가 매력적인 또 다른 이유가 있다. 심리학이라는 학문의 태동기에 이루어졌던 실험들을 보면 초기 심리학자들이 얼마나 모험정신으로 가득 차 있었는지 깨닫게 되고, 또 컴퓨터 앞에

앉아 SPSS 같은 분석 프로그램을 돌리는 게 주된 연구 업무가 되어버린 오늘날의 심리학자의 눈에는 당시의 투철했던 사명의식이 아름다운 낭만으로 비치기도 한다.

레온 페스팅거Leon Festinger는 1919년 뉴욕의 러시아인 부모 밑에서 태어났다. 그가 연구한 현상은 심리학에서 빈번히 인용되어왔으며 동시에 심리학 연구 초기에 나타났던 특유의 방법적 대담함을 대표하는 매우 인상 깊은 예가 되었다. 그가 행한 실험은 현재까지도 심리학 내에서 큰 학문적 비중을 차지하고 있으며 심리학의 여러 연구영역에서 빠질 수 없는 부분을 이룬다. 1950년에 초반, 당시 31살이었던 페스팅거는 지구 멸망이 다가왔다고 부르짖는 어느 사이비 교단에 연구 목적으로 신분을 숨긴 채 잠입하기로 한다.

아이오와 대학교에서 심리학으로 박사학위를 취득한 페스팅거는 20세기에 가장 많이 인용되는 심리학자로 명성을 쌓아가고 있었다. 그는 학자로서는 특이하게도 실험심리학은 우선 재미가 있어야 한다고 여러 번 강조했다. 평생에 걸쳐 그에게 영향을 준 사회심리학으로부터 지적인 자극을 충분히 받지 못해 학자로서 생산적 연구를 하지 못한다는 느낌을 받은 그는 연구 분야를 바꿔 인지의 생물학적 조건, 특히 색상

인지 분야를 연구하기도 했다. 그러나 몇 년 지나지 않아 또 한 번 관심 분야를 변경해 이번에는 고고학과 역사학 쪽으로 방향을 돌렸다. 후반기에는 자신이 최초로 열정을 쏟았던 사회심리학과 고고학 및 역사학을 연계해 고대인의 사회적 행동을 연구한 논문을 여러 편 발표했다.

초반기 연구생활에서 특히 화제가 된 것은 인지부조화에 대한 연구였다. 인지부조화란 인지와 감정이 서로 모순될 때 발생하는 긴장상태를 일컫는다. 일상생활에서 나타나는 인지부조화의 예를 들자면 원래 가지고 있던 고정된 믿음을 위협하는 강력한 다른 논리가 나타났을 때이다. 특히 상대방이 제시한 증거나 논거가 매우 설득력 있게 다가올 때 자신의 원래 신념에 더욱 매달리며 보란 듯 고집을 놓지 않는다. 자신이 가진 믿음을 충분히 뒤집을 수 있는 이성적 근거를 눈앞에 보면서도 왜 인간은 집요하게 자신의 입장을 고수하려 드는지, 또 자신이 느끼는 인지부조화를 해소시키려고 어떤 전략을 적용하는지가 페스팅거가 연구생활 초기에 파헤치려던 과제였다.

이를 위해 적절한 실험소재를 찾던 페스팅거는 한가한 여름 휴가철이라 이렇다 할 대형 이슈가 없던 〈레이크시티 헤

럴드〉 신문의 한 기사를 보고 '바로 이거다!' 하는 느낌을 받았다. '클래리온'이라는 행성의 우주인들로부터 지구 멸망에 대한 메시지를 받았다고 주장하는 한 주부의 이야기였다. 매리언 키치라는 이름을 가진 이 중년 여성의 주장에 따르면 1954년 12월 21일에 대홍수가 나서 온 땅과 생물체가 모두 물에 잠겨 멸망할 것이라고 했다. 텔레파시로 메시지를 전한 외계인들은 자기들이 만든 우주선을 타고 지구까지 날아와서 주위를 정찰하다가 이 사실을 알게 되었다고 한다. 조사에 따르면 매리언 키치는 이미 신자들을 상당수 모았으며 이들에게 지구 종말에 대한 믿음을 전파했다고 한다. 키치 부인이 클래리온 행성 외계인들과 처음 교신하는 데 성공했다는 날은 페스팅거가 신문기사를 발견하기 대략 1년 전이었다.

어느 겨울 새벽, 잠에서 깬 키치 부인은 팔의 느낌이 이상하다는 것을 알아차렸다. 거의 감각이 없었던 것이다. 한쪽 팔을 오랫동안 깔고 자면 피가 통하지 않아 얼얼한, 평범한 사람이라면 모두 한 번쯤 경험했을 법한 증상이었다. 이윽고 그녀는 뜨거운 열이 손가락 끝부터 시작해 팔 전체로 퍼지면서 어깨까지 올라오는 것을 느꼈다. 마치 누군가가 그녀의 관심을 끌려고 하는 것 같았다. 그녀는 자기도 모르게 필기구를 집어 마치 자신의 글씨체가 아닌 것 같은 글씨체로 무언가를 써내려가기 시작했다. 나중에 보니 돌아가신 아버지와의 교신이었다. 아버지는 봄에 심을 식물들의 재배방법을 아내에게 알려주려고 딸을 통해 통신한 것이었다. 이 사건을 계기로 키치 부인은 호흡법 단련과 명상을 통해 영매로서의 능력을 크게 키워가기로 마음먹었다. 그러나 주위 사람들의 반응은 좋지 않았다. 조롱하는 사람도 있었다. 어머니조차도 저승에 간 남편한테서 메시지가 왔다는 데 의구심을 보였으며 앞으로는 그런 쓸데없는 장난은 치지 말라고 할 정도였다. 그러나 키치 부인은 굴하지 않고 사람들의 비판을 외부로부터 메시지를 계속 수신하기 위해 분발할 기회로 삼았다. 그녀는 매일 새로운 메시지를 기다렸지만 우주에서는 어떤 신호도 오지 않았다.

봄이 되고 그동안 줄곧 실력을 연마했던 그녀는 외계인과 천사의 메시지를 영접할 수 있는 능력을 갖기에 이르렀다. 연락을 취해온 외계인은 같은 생각을 가진 사람들을 주위에 모아보라고 격려했다. 그녀는 남편을 최초의 신도로 삼으려 했으나 통하지 않았다. 훗날 페스팅거의 기록에 따르면 남편은 아내의 활동을 막지 않았고 차분함과 관대함으로 묵인하기는 했지만 외계인과 교신한다는 아내의 말을 단 한 번도 믿지는 않았던 것으로 보인다. 아내의 새로운 취미생활을 방해하지는 않았지만 크게 호응하지도 않았던 것이다.

그러나 키치 부인의 능력에 큰 호응을 보이며 열렬한 지지자가 된 이들도 있었다. 의사인 토머스 암스트롱과 그 부인인 데이지 암스트롱 부부였다. 대학에서 강의를 하는 암스트롱 박사는 스스로 UFO 전문가라고 자부하고 있었다. 키치 부인의 신념을 지지하고 널리 알리기 위해 미국 내 출판사와 언론사에 50통이 넘는 편지를 보냈다. 피할 수 없는 재앙을 예고하며 누가복음의 문구를 증거로 인용하는 글이었다. 이를 통해 키치 부인의 지구 종말 예고가 바깥세상에 알려져 그 뒤로 한동안 대중의 관심과 흥미를 끌게 되었으며 신앙 교단이 결성되는 밑바탕이 마련되었다. 얼마 지나지 않아 암스트롱 박사는 재앙을 알리는 서한을 공개했다. 12월 21일에 대지진이 일어나며 세기의 대홍수가 시작될 거라는 예언이었다. 이런 구체적인 위협에 반응해 기사로 보도한 신문사가 있었다. 바로 페스팅거가 발견한 기사를 실은 신문사였다. 이 기사에서 페스팅거와 동료들은 자신들이 연구하고 싶었던 심리학적 현상을 통제된 실험환경에서보다 더 흥미로운 환경에서 조사할 수 있는 가능성을 보았다.

페스팅거의 심리학과 제자들이 신분을 숨기고 교단에 침투하는 임무를 맡았다. 이들 젊은이는 우선 암스트롱 박사가 주최하는 설명회에 참석했다. 곧 키치 부인의 바로 밑에서 일하는 핵심인물들의 신임을 얻게 된 이들은 교단의 모임에 참가할 자격을 얻었으며 닥쳐올 재앙과 그 준비에 연관된 세세한 작업에 동참할 수 있게 되었다.

지구 멸망을 믿고 직장을 그만둔 신도도 많았고 피할 수 없는 환란의 메시지를 최대한 많은 사람에게 전하는 것이 단하나의 소명이라고 생각해 그 과업에 모든 것을 바치는 신도들도 있었다. 거대한 홍수에 휩쓸려가기 전에 충분히 즐길 수 있도록 성탄절 선물을 미리 하기도 했다. 한 여성 신도는 아예 집 계약을 해지하고 그동안 모아둔 돈으로 근처 관광지에서 호사스러운 휴가를 즐기기도 했다.

페스팅거, 리켄Riecken, 샥터Schachter로 이루어진 연구팀은 이 교단에 대해 쓴 책에서 암스트롱 부부의 대학생 딸 클레어가 처했던 난처한 상황에 대해서도 기록했다. 부모는 지구 종말을 확신하고 있었고 만일 예언이 현실로 나타나지 않는다면 그동안 그녀의 아버지는 자신이 공개적으로 선언했던 모

든 행동에 책임을 지고 대학에서의 직위를 잃게 될 것이며 더
는 딸의 학비를 내주지 못하게 될 것이었다. 지은이들은 저서
《예언이 끝났을 때When Prophecy Fails》에서 클레어로서는 부모
의 신념에 동참하는 것 말고는 다른 선택의 여지가 없었을 것
이라고 추측했다. 또 다른 신도들의 증언에서 이들이 필사적
으로 지구의 종말을 믿어야 했던 이유를 발견할 수 있다. 특
히 더 광적이었던 신도 키티 오도널은 직장을 그만두었고 아
들을 학교에서 자퇴시켰으며 집도 포기했다. 예언이 들어맞지
않는다는 것은 상상하지 못할 일이었다. 그래서 12월 21일에
예언된 대홍수는 무슨 일이 있어도 반드시 일어나야만 했다.

짧은 시간 만에 조직 안으로 무사히 스며드는 데 성공한
대학생들은 페스팅거 연구팀과 계속 연락을 취했다. 드디어
이들에게 키치 부인을 가까이서 대면할 기회가 생겼다. 최초
의 만남에서 이들 중 한 사람에게 회합을 처음부터 끝까지 진
행하는 비중 있는 직책이 맡겨졌다. 약 20분 후 한 여신도에
게 클래리온 행성으로부터 성경구절이 섞인 메시지가 도착했
다. 감격한 키치 부인은 버사라는 이름의 그 수제자에게 영매
로서의 소질을 칭찬하고 더욱 정진할 것을 격려하며 그날 밤

에 또 메시지가 올지 모르니 준비하고 있으라고 지시했다. 그 즈음 암스트롱 박사는 신도 교육에 온 시간을 바치며 한층 열을 올리고 있었다. 대학의 동료와 학생, 교직원 들에게 무차별적으로 선교활동을 퍼부어대는 것을 불편하게 여기던 학교 측에서 해고통보를 했기 때문이었다. 직장이 없어진 그는 지구 종말에 대한 대비와 UFO 연구를 전업으로 삼을 수 있게 되었다. 신도들이 멸망하는 지구에서 벗어날 수 있는 길은 오직 UFO에 의한 탈출 이외에는 생각할 수 없었다.

12월이 둘째 주로 접어들자 키치 부인은 신도들을 집으로 불렀다. 다 같이 숙식하면서 다가올 구원을 기다리자는 것이었다. 신도들은 들뜬 분위기에서 UFO 안에서의 좌석배열을 정하는 등 예정된 구원의 날에 대한 부푼 기대감으로 하루하루를 보냈다. 영매들도 이 기이한 광경을 흐뭇하게 즐겼다. 신도들은 당장 내일이라도 구원의 날이 닥칠 수 있다고 전제하고서 순간순간 준비된 상태로 살았다. 잘못된 오경보도 몇 번이나 있었다. 키치 부인의 뜰에 모여 한껏 집중한 채 두 눈을 가늘게 뜨고 그 무엇이라도 찾아내려 하늘을 샅샅이 훑어보는 신도들의 모습은 믿지는 않지만 구경하기 좋아하는 사람들의 눈에는 신기하게 비칠 따름이었다. 예정된 구원의 날이 거의 임박하자 키치 부인의 신임과 인정을 얻은 한 젊은 여성은 옷에 붙은 모든 금속 부착물들을 허겁지겁 떼어내기 시작했다. 클래리온 행성에서 온 메시지에는 그 어떤 금속도 UFO 안으로 반입하지 말라는 명확한 명령이 있었기 때문이었다. 18살이었던 이 여성은 그 메시지를 떠올리는 순간 공포에 가까운 당황함에 압도되어 치마의 금속지퍼를 손으로 마구 잡아 뜯어 던져버렸다. 이를 보면 신도들 간에 얼마나 팽팽한 긴장감이 흐르고 있었는지 알 수 있었다.

위장 잠입한 학생들을 포함한 모든 신도가 꼬박 하루 낮과 하루 밤에 걸쳐 UFO가 도착하기를 기다렸다. 그러나 시간이 임박했는데도 UFO는 오지 않았다. 메시지와는 달리 도저히 이해할 수 없는 일이 일어나자 이들은 외계인들이 자신들을 훈련시키고 시험하는 것이라고 해석하며 금방 태도를 바꾸었다. 어느 누구도 실망한 표시를 내지 말고 입을 꾹 다물어야 하는 분위기가 형성되었다.

자정쯤 되자 키치 부인에게 새 메시지가 전달되었다. UFO가 출발했으니 떠날 채비를 갖추고 있으라는 내용이었다. 인원이 다소 줄어든 신도들은 다시 안뜰에 모여 간절한 눈길로 하늘을 올려다보았다. 누군가 위장 잠입한 여대생 중

한 명에게 옷에 금속 부착물은 다 떼어냈느냐고 물었다. 그렇다고 하자 복장검사가 이어졌고 신발을 벗어보라는 요구가 이어졌다. 신발 밑창이 작은 못으로 고정되어 있었기 때문이다. 키치 부인의 수제자 한 사람이 구두 밑창을 강제로 뜯어내며 대신 두꺼운 털양말을 내밀었다. 털양말을 받아 든 여대생은 단추를 다 제거해 잠기지 않는 외투를 입고 덜덜 떨면서 내리는 눈발을 맞아야만 했다. 그러나 그게 끝이 아니었다. 몇 분 지나지 않아 브래지어에도 금속이 부착되어 있지 않느냐는 질문을 받았다. 작은 금속 잠금장치 때문에 모두의 구원사업이 실패로 돌아가서는 안 된다고 했다. 브래지어마저 빼앗긴 채 키치 부인의 정원에 선 여대생은 입을 꽉 다물었다. 치아에 박힌 금속 치과 봉합물까지 들키면 큰일이기 때문이었다.

세 시간이 흘렀다. 이번에는 유난히 긴 메시지가 도착했다. 신도들의 끈기와 열정을 칭찬하며 포기하지 말고 일단 집 안으로 들어가 계속 기다리라는 메시지를 담고 있었다. 지칠 대로 지친 신도들은 안으로 들어가 침대에 쓰러졌다. 다음날 아침식사 자리에서 신도들은 모두 이것이 자기들의 인내심과 충성심을 시험하는 과정인 게 틀림없으며 따라서 절대 실망한 기색을 비춰서는 안 된다고 입을 모았다.

오후가 되어 연구자 중 한 명이 지구 종말이 일어나지 않은 것에 대해 질문하려고 신도들을 찾아왔으나 어색한 침묵이 감돌 뿐 그 누구도 입을 여는 이는 없었다. 연구자는 자신의 심리학적 전략을 총동원해 조그마한 정보라도 얻어내려 애를 썼으나 새벽 3시에 UFO 한 대를 목격했었다는 짤막한 말 이외에는 아무 수확도 없어 돌아갈 수밖에 없었다. 대체 대홍수는 왜 일어나지 않느냐는 질문에 그때까지 남은 신도들은 대홍수라는 것은 최후의 심판에 대한 일종의 은유적 표현이라고 간단히 대답했다. 다른 연구자 두 사람도 신도들을 찾아갔지만 아무리 끈질기게 물어도 이렇다 할 만한 해명을 듣지 못했다. 당연히 언론사와 방송국에서도 이들이 주장한 멸망의 날에 대한 예언이 거짓으로 드러난 현장을 취재하려 앞다퉈 모여들었다. 신도들, 특히 그중에서도 암스트롱 박사는 예전에 외부인에게 보여왔던 의심과 불쾌함을 거두고 오히려 언론을 통해 자신들의 메시지가 세상에 더 널리 알려지는 홍보효과가 생긴 것에 기뻐하는 반응을 보였다.

지구멸망이 예정된 12월 21일 당일, 키치 부인은 밤 12시에 각자의 주차된 자동차로 들어가 예정된 구원을 기다리면 된다는 클래리온 행성인의 메시지를 받았다고 신도들에게 알렸다. 이러한 종류의 메시지가 가진 특징은 때로 어떠한 개연성이나 인과관계도 없다는 점이다. 앞뒤가 맞지 않는 메시지였지만 신도들은 개의치 않고 외계인의 지시를 이행하려고 부지런히 움직였다.

야단법석이 벌어진 가운데 한 신도가 구두에 금속 부착물이 달린 것을 뒤늦게 깨닫고 급히 구두를 벗어던졌다. 이 모습을 본 잠입신도 중 한 명은 자신이 입고 있는 바지에 금속 지퍼가 달려 있다는 사실을 알려서 사람들을 혼란의 아수라장으로 몰아넣고 싶은 욕망을 꾹 참아야 했다. 그러나 그의 장난스러운 여유는 오래가지 못했다. 즉시 그를 다른 방으로 데려간 암스트롱 박사가 서슴없이 면도칼을 꺼내더니 덜덜 떨리는 손으로 그의 바지에서 지퍼를 도려내었기 때문이다.

지구가 멸망하고 자신들이 우주로 올라가기 10분 전, 키치 부인을 중심으로 한 몇 명의 남은 신도들은 UFO가 언제라도 와서 데려갈 수 있도록 외투를 벗어 무릎에 덮은 채 거실에 모여 초조하게 기다렸다. 3분 전이 되었다. 째깍째깍 돌아가는 시곗바늘 소리를 들으며 모두들 한 치도 움직이지 않았다. 누군가 모든 것이 계획대로 잘 흘러가고 있다고 속삭였다. 시계가 12시를 치자 사람들은 돌같이 굳었고 그 누구도

입술을 달싹거릴 수 없었다. 지난 수개월간 지구 종말에 대비해왔던 그들은 클래리온 행성인들로부터 또 한 번 버림받았다는 것, 교주님의 가장 중요한 예언이 실현되지 않았다는 것을 깨달았다.

크게 실망한 신도들은 뿔뿔이 흩어질 위기에 처했다. 바로 그때 키치 부인이 새 영적 메시지를 받았다. 내용은 가히 놀랄 만한 것이었다. 신도들을 키치 부인의 집에 모이라고 한 것은 기적을 경험하게 하기 위해서였다는 것이다. 그런데 그 기적이란 것이 이들과 완전히 무관한 남편 키치 씨의 죽음과 부활이었다. 페스팅거가 서술한 바와 같이 남편은 오래전부터 자기 방에 틀어박혀 나오지 않고 있었다.

연구자들의 분석이 따르면 이 반전은 외계인이 나타나지 않은 것에 대한 신도들의 절망에 기인한 것이라고 한다. 죽음을 이긴 부활 정도 되는 큰 사건이라야 대홍수와 맞먹는 효과를 불러일으킬 수 있었다. 그날 밤 소수정예 신도들이 세 차례에 걸쳐 조용히 남편의 침실에 다녀갔다. 죽었는지 확인하기 위해서였다. 그들은 세 번 다 돌아와서는 풀 죽은 목소리로 키치 씨가 아직 숨을 쉬고 있으며 죽지 않았다는 실망스러운 소식을 전했다. 신도들이 할 수 있는 최대한의 해명은 그날 밤 자기들이 모르는 사이에 키치 씨가 죽었다 살아났기 때문에 단지 그 순간을 알아채지 못했을 뿐, 죽음과 부활은 분명히 일어났다는 것이었다.

연구자들을 놀라게 했던 것은 그동안 많은 신도가 떨어져 나간 중에도 끝까지 키치 부인 곁을 떠나지 않았던 소수의 신도들은 모든 사람에게 실망을 안겨주었던 실패한 예언 이후에도 자기들의 실패와 실망에 대한 말을 입 밖에 내기를 끈질기게 거부했다는 사실이었다. 연구에 참여한 5명의 심리학자가 그렇잖아도 언짢아하는 신도들에게 곤란한 질문들을 던졌다. "UFO가 올 것 같습니까?" "당신들을 데려간다던 외계인 예언자는 어떻게 되었습니까?" "왜 이곳을 떠나지 않는 겁니까?" 그러나 신도들 대부분은 원래의 생각을 고수하며 자기 믿음을 변호했다. 암스트롱 박사는 실망스러운 결과에 아무런 답도 주지 못했으며, 키치 부인은 오해가 있었다고 변명하기 시작했다. 그럼에도 불구하고 대홍수가 늦어도 몇 년 안에는 반드시 일어날 것이고 모든 것은 클래리온 행성인들의 계획대로 이루어진다는 고집을 꺾지 않았다. 몇 시간 후 또다시 메시지가 도착했다. 간밤에 아무 일도 일어나지 않은 데 대한 구구절절한 해명이었는데, UFO가 그저 상징적 의미로

쓰였다는 내용을 포함하고 있었다. 다시 말하면 메시지에서 매번 언급된 UFO는 하늘을 나는 진짜 비행물체가 아니라 신도들이 12월에 돈독히 쌓아올린 믿음을 통해 깨달음이란 길로 한 걸음 나아가게 한 강인한 마음의 상징적 표현이라는 것이었다. 그렇게 해서 신도들은 지난 수개월간의 노력과 수고를 정당화하기 위해 잡을 수 있는 것이라면 지푸라기라도 좋다는 심정으로 이 메시지와 타협하기 시작했다. 연구자와 암스트롱 박사 간에 오간 긴 대화를 되짚어보면 신도들이 얼마나 절망의 벼랑 끝에 위태롭게 서 있었는지 알 수 있다. 암스트롱 박사는 예언의 실현을 믿게 된 후 세상의 모든 것을 포기했다고 했다. 돌아갈 길을 불살라버리고 그때까지 자신이 알던 세상에 완전히 등을 돌렸기 때문에 그에게는 오히려 앞으로 해야 할 일이 더욱 명확하게 보였다. 후회나 의심을 품을 여유란 없었다. 오직 클래리온 행성인들의 약속을 철석같이 믿는 길 하나만 있을 뿐이었다.

해가 뜨기 직전, 키치 부인은 마침내 클래리온의 예언자 사나다에게서 온 구원의 소식을 전했다. 밤새 똘똘 뭉쳐 한마음으로 기다려준 신도들이 너무도 광대한 에너지와 찬란한 빛을 발산했기 때문에 신이 지구를 용서해주기로 결정했다는 것이었다. 그러니까 우연이 아니라 오로지 신도들의 굳건한 믿음 덕분에 지구 멸망이 일어나지 않았다는 뜻이었다. 모여 있던 신도들은 이 메시지에 환호하며 크게 안심했다. 그러나 곧 대부분의 신도가 여전히 건재하는 세상에 빈털터리로 돌아가야 한다는 사실을 깨닫는 순간 분위기는 다시 무겁게 가라앉았다.

이 사건을 몇 줄로 요약해보면 다음과 같다. 미국의 한 가정주부가 불길한 내용의 계시를 받았고 1954년 그녀를 따르는 작은 집단이 결성되어 옛 생활을 버리고 지구 종말에 대비하는 준비에 들어갔다. 지구에 일어날 대홍수 직전에 외계인의 UFO에 의해 구원받을 것이 예정된 이 신도들은 계시가 들어맞지 않자 믿음을 버리는 대신에 기이한 방식으로 반응했다. 이들은 교주의 집을 떠나지 않고 충성을 지켰으며, 그토록 바랐지만 결국 실현되지 않은 종말의 날과 구원에 대한 실낱같은 알량한 해명으로 만족하는 모습을 보였다.

페스팅거의 실험이
일상생활에서 갖는 의미

스스로를 영매라고 일컫는 매리언 키치 부인의 실제 이름은 도로시 마틴이었고 키치 부인이라는 이름은 학술논문에서 쓰인 가명이었다. 그녀의 교단에 신도로 위장해 잠입한 이들은 오늘날에도 여전히 심리학의 연구과제로 남아 있는 다음 질문들에 대한 답을 찾으려 했다. 인간은 자신이 갖고 있던 기대가 실제로 겪은 사건을 통해 근본적으로 틀렸다는 사실이 밝혀지면 어떻게 반응하는가? 신념과 실제 일어난 일이 서로 상충할 경우 그 불편한 감정을 어떤 식으로 해소하는가? 앞에서 이야기된 잘못된 예언에 대한 맹신과 같은 부끄러운 오류를 저지르고 난 후 평생 자괴감에 시달리지 않기 위해서 어떤 전략이 작동할까?

신도들은 교주의 말이 틀렸다는 것을 인정하는 대신 생각과 경험 사이의 모순을 어떻게든 일치시켜보려고 발버둥질 쳤다. 대환난이 일어나지 않은 데 대한 키치 부인의 해명이 얼마나 어처구니없든 상관없었다. 그것은 오히려 엉성하게나마 자신의 자존감을 지켜주면서 동시에 '인지부조화'라는 위

지퍼 하나 때문에 구원받지 못할 뻔한 이야기

기를 극복하게 해주는 고마운 핑계였다. 페스팅거는 '인지부조화'란 감정과 사고가 서로 상충할 때 발생하는 거슬리고 불쾌한, 때로는 고통스럽기까지 한 감정상태라고 설명한다. 인간은 이러한 갈등에서 생겨나는 내적 긴장을 최대한 빨리 풀고 싶어 하는데 더 약한 쪽인 인지, 즉 덜 중요한 사고를 바꾸거나 아니면 중재적 역할을 하는 다른 사고로 보완(정당화)하는 방법 중 하나를 택하게 된다.

페스팅거 연구팀이 연구 소재로 삼은 사이비종교보다 우리가 실생활에서 더 가깝게 느낄 수 있는 것을 들자면 흡연이 있다. 흡연자는 담뱃갑에 인쇄된 끔찍한 사진들과 경고문구들을 매번 직접 눈으로 보면서 담배를 끊지 않는 한 이 위험성을 평생 인지해야 한다는 불편한 감정에 시달린다. 그럼에도 많은 흡연자가 쉽사리 담배를 끊지 못한다. 한 모금 빨아들일 때마다 스스로 건강을 해치는 행동을 하고 있다는 것을 그들도 모르지 않는다. 하지만 비흡연자가 되기란 정말 힘들다. 이들은 자신의 행동을 바꾸는 대신 "담배를 피우면 몸에 해로워"와 "담배가 좋아서 못 끊겠어"라는 서로 충돌하는 두 생각을 상대화시킨다. "지금 죽으나 나중에 죽으나 똑같아"에서 시작해 "할아버지도 평생 담배 피우셨지만 아흔이 넘어서도 팔팔하셨지"를 거쳐 "지금까지 과학이 밝혀내지 못한 무언가가 있을지 몰라. 이랬다저랬다 하는 세상이니 당장 내일이라도 연초가 몸에 좋은 성분을 많이 함유하고 있다는 연구 결과가 나올지도 모르지"에 이르고 결국에는 "딱 30살이 되면 끊자"라고 다짐하기에 이른다. 문제는 이런 생각의 흐름이 수십 번도 넘게 반복되어왔다는 것인데, 이는 자기들이 빠진 위험한 중독에 계속해서 노예가 될 수 있게 하기 위해서다. 페스팅거 연구팀의 관찰실험은 몹시 이례적인 사례를 들어 아주 일상적인 현상을 설명해준다. 이 연구는 이후로 수많은 심리학자에게 영감을 주어 페스팅거의 인지부조화 이론을 계승하면서도 더 정교하게 다듬어진 여러 연계 연구를 가능하게 만들었다.

14차례 칼에 찔린 여자

한 젊은 여성이 많은 사람이 지켜보는 가운데
끔찍하게 살해당하는 사건이 일어났다.
이 일은 많은 궁금증을 불러일으켰다.
혼자 있을 때보다 다른 사람들과 함께 있는
군중 안에서 정말 더 안전한가?
목격자가 있는데도 때때로 사고나
범죄가 신고되지 않는 이유는 무엇일까?
라타네와 달리는 실험을 통해 이를 알아보았다.

2016년 윈스턴 모슬리가 사망하자 그동안 사람들의 기억에서 거의 잊혀가던 그의 범죄행각에 관한 수많은 기사가 일제히 쏟아져 나왔다. 모슬리는 1964년 3월 어느 봄날 새벽, 뉴욕 퀸스에 사는 키티 제노비스라는 여성을 상당히 많은 수의 목격자가 지켜보는 가운데 최소 14군데 칼로 찔러 죽인 범행을 저지르고 일생 중 52년을 감옥에서 보낸 사람이다. 밀집된 주거지역에서 일어난 이 사건은 언론을 떠들썩하게 만들었고 국민의 대대적인 공분을 샀다. 신문은 29살의 이 여성이 잔인하게 강간당하고 무참히 칼에 찔리며 죽어가는 모습을 38명의 주민이 목격했다는 기사를 냈다. 이로써 대도시는 냉혹함과 무관심이 지배하는 차디찬 곳이라는 말은 시골 사람들이 모여 수군대던 근거 없는 소문에서 씁쓸한 사실이 되어 사람들의 뇌리에 각인되었다. 이제 사람들은 자신을 방어할 능력이 없는 무고한 젊은 여성이 범죄의 피해자가 되는 광경을 누군가 보더라도 그 사람이 반드시 경찰에 신고할 것이라고 선불리 장담할 수 없게 되어버렸다.

막장드라마를 방불케 하는 충격적인 신문기사는 그 후 몇 년이 지나면서 진행된 사후조사에 의해 오보로 드러났다. 건물 구조로만 봐도 거의 모든 주민이 범죄 현장을 지켜보는 일은 불가능했던 것이다. 게다가 경찰에 접수된 신고는 최소 두 건이나 있었다. 한 중년 여성은 경찰과 구급차가 도착할 때까지 죽어가는 제노비스 양을 품에 안고 있었다. 제노비스가 공격당하는 모습을 모든 주민이 보았을 가능성은 매우 적다. 많은 주민들이 그녀의 외침을 부부싸움 소리나 술 취한 여성의 술주정으로 착각했다. 이렇게 신문기사에 오류가 있었지만, 아니 오히려 그 때문에 키티 제노비스 살인사건은 뉴욕 경찰체제의 개혁을 불러왔고 영화와 책으로 만들어지기도 했다. 또한 '젊은 여성이 잔인무도한 살인자에 의해 여러 군데 자상을 입고 쓰러질 동안 38명의 주민은 아무것도 하지 않고 그저 그 광경을 지켜보기만 했다'는 애초의 묘사는 현대 사회심리학에서 중요한 부분을 차지하고 있는 이른바 '방관자 효과'라는 현상이 연구되는 계기를 마련했다.

심리학자 빕 라타네Bibb Latané와 존 달리John Darley 또한 키티 제노비스 살인사건 기사를 접하고 매우 큰 충격을 받았다. 범죄현장을 목격한 주민이 여러 명 있었는데도 어째서 아무도 피해자를 도와주거나 끼어들거나 최소한 경찰에 신고조차 하지 않았을까 하는 의문이 가시지 않았다. 신문기사에는 목격자들이 자기 집 창가에 서서 노골적인 흥미와 현실과 흡사한 공포영화를 볼 때의 소름끼침을 느끼며 홀린 듯 범죄의 현장을 지켜보기만 했을 뿐 윈스턴 모슬리의 행위를 제지해야겠다는 생각은 하지 않았다고 서술되어 있었던 것이다.

대부분의 보통 사람들이라면 이해할 수 없는 목격자들의 이 행위에 대해 심리학자인 달리와 라타네는 어느 정도 아는 바가 있었다. 그것은 위기상황에 처했을 때 군중이 취하는 특수한 행태와 유사성이 있었다. 교통사고, 화재, 자살시도 같은 사고에서도 비슷한 현상을 종종 볼 수 있다. 군중은 사고 피해자나 물에 빠진 사람, 기타 사고를 당한 사람을 둘러 싸고 모여 속수무책의 무력감과 매료됨이 뒤섞인 복합적 감정을 가지고 지켜본다. 피해자를 빨리 도와주고 싶다는 욕구와 함께 도움을 주었을 때 떠맡아야 할지도 모르는 차후의 번거로움이 떠오르고 아마도 이것이 동정심을 앞서는 것으로 보인다. 긴급한 상황이 벌어졌을 때 적절한 대응법을 제시하는 매뉴얼이 없다. 평소에 위협적인 상황에 대비하거나 연습할 기회가 거의 없는 것이 사실이기도 하다. 사고란 미리 계획할 수도 없고 대응에 실패했을 경우 다시 한번 반복할 수도 없다. 그러므로 키티 제노비스 사건과 같은 일이 실제로 눈앞에서 일어난다면 어느 누구라도 얼어버릴 수밖에 없다. 현장에 뛰어들어 도움을 주어야 할지 여부를 판단하는 데는 여러 기준이 있다. 라타네와 달리는 이것을 다음과 같이 설명했다. 목격자는 우선 무슨 일이 일어나는지 상황파악을 해야 한다. 우리가 맞닥뜨리는 상황 중에는 단번에 명확하게 판별할 수 없는 애매한 것들이 매우 많다. 정말로 위험한 순간인지 아니면 저급한 장난인지 모든 상황을 명백하게 판단할 수 있는 건 아니다. 사태에 대해 확실한 해석을 내렸다면 목격자는 그다음 단계로 정확히 어떤 것이 잘못되었는지를 잡아낼 수 있어야 한다. 그 밖에도 개인적인 책임감이라는 감정이 필요한데 이것은 당연히 따라오는 것은 아니다. 군중 속에 의사나 경찰관이 있어서 먼저 신고했을지도 모른다고 생각하는 사람도 있을 수 있다. 마지막으로, 목격자가 결국 도와주기로 결정을 내렸다면 어떤 종류의 도움이 필요한지를 생각한다. 결론적으로 말하면 도움을 준다 또는 주지 않는다의 문제는 본능적인 것이 아니라 복합적인 인지적 과정이며 이 과정에는 발생한 상황에 대응할 수 있는 자신의 능력 또는 자신이 입을 수 있는 위험에 대한 판단 등의 여러 요인이 작용한다는 것이다. 물론 사회적 입장, 다시 말해 타인의 시선과 과연 그 상황에서 가장 적절한 대응을 알아내 선택했는가의 여부도 중요한 역할을 한다. 어떤 상황을 보고 우려한 시민이 사건에 개입했는데 관련 당사자들이 마치 아무것도 아닌 일처럼 행동한다면 그 시민만 불필요하게 끼어든 꼴이 되어 창피해질 수 있기 때문이다. 사건현장에 제3자를 비롯해 구경꾼들이 여럿 모여든 상황에서 어느 누구도 군중 속에서 튀어나와 행동하려고 하지 않는다면 대응방법을 정확하게 아는 누군가가 명확한 행동을 지시할 때까지 우선 무리 속에 끼어 있는 게 낫다는 판단을 하게 된다. 뜻하지 않은 비극을 몰고 올 수 있는 이러한 일련의 과정을 연구하기 위해 라타네와 달리는 다음 네 가지 긴급 상황을 연출했고 피실험자들의 반응을 상세히 기록으로 남겼다.

실험 1

첫 번째 실험에서 라타네와 달리는 컬럼비아 대학교에 재학 중인 남학생 58명을 인터뷰 명목으로 초청했다. 초청하는 글에는 도시의 대학생활과 관련한 여러 문제를 연구하기 위한 인터뷰라고 포괄적으로 설명되어 있었다. 대학생들은 각자 상담시간을 기다리는 동안 조그마한 대기실에서 설문지를 작성하도록 안내를 받았다. 세 명이 무리를 지어 설문지를 작성한 사람도 있었고 혼자 또는 두 명의 연구자가 동석한 가운데 작성한 사람도 있었다. 학생들이 설문지 작성을 시작하고 얼마 지나지 않아 하얀 연기가 대기실로 불규칙한 간격을 두고 스며들어오기 시작했다. 이들에게 주어진 설문지는 심리학 실험에서 종종 보이듯 원래 연구목적과는 전혀 관계가 없는 질문들로 채워져 있었다. 진짜 목적은 이들이 취하는 행동을 관찰하는 것이었다. 이들은 연기에 어떻게 반응할 것인가? 혼자 방에 있던 사람들은 처음에는 잠깐 망설이는 듯

했지만 곧 방에서 나가 연구팀에게 연기가 난다는 사실을 알렸다. 반면 두 명의 연구자와 함께 있던 사람들은 연구자들이 연기가 나든 말든 상관없다는 식으로 아무런 반응을 보이지 않자 행동에 두드러진 변화가 나타났다. 열 명 중 단 한 명만이 점점 연기로 차오르는 방을 빠져나가 소식을 알렸다. 나머지는 모두 설문지 앞에 얌전히 앉아 손으로 부채질을 해 연기를 쫓으며 설문지를 계속 작성하려고 노력했다. 연구자 없이 학생들끼리만 세 명이 함께 대기실에 들어간 경우, 상식적으로 생각했을 때 연기의 원인이 화재일 수도 있는데도 아무도 신고하지 않았다. 나중에 이 일에 관해 다시 질문을 받았을 때 그들은 특이한 해명을 내놓았다. 그들은 불이 났다고 생각하지 않았는데 그 이유는 흰 연기가 피실험자들이 사실대로 설문지를 작성하게 만들기 위해 연구팀이 살포한 '진실가스' 일 것이라고 생각했기 때문이었다고 했다. 대부분의 피실험자들은 타인이 동석했기 때문에 그들의 영향을 받을 수 있었음에도 불구하고 다른 사람의 반응을 참고하거나 신경 쓰지 않았다고 답했다.

　두 번째 실험은 또 다시 컬럼비아 대학교의 학생들을 대상으로 이루어졌다. 인터뷰 전에 이들은 친구와 둘이서 또는 모르는 사람 한 명과 함께 대기실에서 기다리도록 안내를 받았다. 이들은 대기 중에 방금 전에 그들을 방으로 안내했던 매력적인 외모의 젊은 여성이 바로 옆방에서 소파에 부딪혀 넘어지며 다치는 소리를 들었다. 물론 여성은 다치지 않았고 이 소리는 미리 연출되어 녹음된 비명을 틀어준 것이었다. 홀로 방에서 대기하던 피실험자 가운데 70퍼센트는 곧바로 방을 나와 도움을 주러 옆방으로 뛰어 들어갔다. 그러나 모르는 사람과 함께 있던 피실험자 중에서는 7퍼센트만이 방에서 뛰쳐나왔을 뿐이었다. 재미있는 것은 친구와 둘이서 대기하고 있던 사람들에게서는 전혀 다른 모습이 보였다는 것이었다. 대부분 둘 중 적어도 한 명이 여성을 도와주러 뛰어나왔다. 반응을 보이지 않았던 사람들에게 그 이유를 물어보니 별로 크게 다치지 않았을 거라고 예상해서라든가 '다른 사람이 가 보겠지' 하고 생각했다는 사람이 많았다. 그럼에도 불구하고 이들은 모두 만약 실제로 사고가 났다면 먼저 달려 나가 도움을 주었을 거라고 단언했다. 이번 실험에서도 피실험자들은 타인의 행동에 영향을 받지 않았다고 대답했다. 친구와 함께 있었을 때 더 많은 사람이 도움을 준 결과를 연구자들은 신뢰의 표현으로 해석했다. 상황을 착각해 헛수고를 하더라도 친구 사이에서는 모르는 사람 앞에서보다 창피함을 덜 느끼기 때문이라는 분석이 내려졌다.

실험 3

세 번째 실험은 실내 연구실을 벗어난 외부 공간에서 이루어졌다. 연구팀은 컬럼비아 대학교 졸업생 중에서 맥주 한 상자를 2주 안에 69번이라도 훔칠 수 있다고 호언장담하는 두 명의 배짱 두둑한 졸업생을 찾아냈다. 연구팀은 뉴욕의 한 주류업체 직원에게 앞으로 일어날 일들에 대해 미리 이야기를 다 해두었다. 주류업체의 사장이 잠시 자리를 비우고 피실험자가 매장에 있을 때 모의 강도사건이 실시되었다. 강도질의 절반은 다른 손님 없이 피실험자 혼자 있을 때, 나머지 절반은 최소 두 명의 다른 손님이 더 있을 때로 정교하게 계획되었다. 관찰 결과, 이 실험에서도 역시 다른 사람과 함께 있을 때보다 혼자 손님으로 있을 때 더 많은 행동을 취하는 현상이 나타났다.

라타네와 달리는 행동할 사람은 혼자뿐이라는 책임감이 이러한 반응의 차이를 준 요인으로 작용한 것으로 분석했다. 범죄나 사고현장을 홀로 목격한 목격자는 모든 행위의 책임을 홀로 짊어지게 된다. 너무 뒤늦게 행동하거나 적절하지 못한 조치를 취했을 때 과실을 나누어서 질 타인이 없다. 그러나 타인이 개입되면 과실뿐 아니라 행동할 책임도 분산된다.

실험 4

앞의 세 실험에서 모두 유사한 행동양식을 관찰한 두 심리학자는 마지막으로 한 번 더 실험을 해보기로 했다. 이번에는 누가 봐도 오해의 여지 없이 긴급한 상황이라고 판단할 수밖에 없는 환경을 설정했다. 명문 뉴욕대의 심리학과 여학생 100명이 피실험자로 선정되었다. 의도적으로 오직 여성만으로 구성한 피실험군이었다. 이들은 한 명씩 별도의 방으로 안내되었는데 각 방들은 서로 스피커와 마이크로 연결되었고 이를 통해 개인적인 고민이나 문제를 토론하라는 지시가 내려졌다. 연구팀은 피실험자 여학생들에게 부끄러울지도 모르는 사적인 고민들을 솔직하게 털어놓을 수 있도록 공간을 분리한 것이라고 설명했다. 연구팀은 다른 피실험자들 몰래 자기네 사람을 한 명 심어놓았다. 이 여성은 차분하게 입을 열었지만 곧 긴장되고 흥분된 목소리로 고민을 토로하기 시작했다. 이 여성에게 주어진 임무는 점점 목소리를 올리다가 결국 격앙된 감정을 이기지 못하고 말을 더듬으며 확연한 뇌전증 발작 증세를 연기하는 것이었다. 이 여성과 다른 피실험자 한 명이 단 둘이서 대화를 나누는 상황이 대부분이었지만 그밖의 몇몇 상황은 여러 명(셋 또는 여섯)을 무리 짓거나 뇌전증을 연기하는 여성의 친구가 긴 대화그룹을 구성해 각각의 상황을 지켜보았다. 위기에 빠진 사람이 아는 사람인지 아닌지가 도움을 주는가의 여부에 영향을 미칠 수 있다고 가정했던 연구팀은 원래 이 여성과 친분이 있는 사람이 피실험자에 들어갈 수 있도록 미리 설계해놓았던 것이다.

도움을 준 피실험자들 전원은 상대방의 뇌전증 증세를 알아채고 나서 최초 3분 이내에 조치를 취했다. 반면 여섯 명으로 이루어진 대화방에 있던 사람들은 단 62퍼센트만이 도움을 주는 행동을 취했다. 여러 명으로 구성된 다른 그룹의 행동비율도 이전 실험들에서 나타났던 것처럼 낮았으나 라타네와 달리는 조치를 취하지 않은 이들도 손에 땀이 나거나 손을 떠는 등의 명백한 스트레스 반응을 나타냈다고 연구논문

타인이 함께 있으면 책임이 분산되며,
자신이 타인을 알지 못하는 때일수록 주저하게 된다

에서 밝혔다. 두 심리학자는 이 실험에서 '방관자', 즉 행동으로 나타내지 못한 피실험자들의 태도를 두고 이것이 악하거나 무관심한 데서 나왔다기보다는 우유부단함의 표현이라고 해석했다. 실제로 사고를 당한 피해자에게는 별 위로가 되지 않는 결론이겠지만 학문적으로는 과연 사람들이 어떤 상황과 조건에서 도움을 주는가에 대한 매우 중요한 데이터라고 할 수 있다.

네 번의 실험에서 사람들은 목격자가 자기 혼자라고 생각할 때일수록 도움을 주기 위해 나서는 경향을 보이는 것으로 나타났다. 타인이 함께 있으면 책임감이 분산되며 특히 그 타인들이 자신이 알지 못하는 사람일 때, 주저하는 모습을 보일 때, 또는 아예 아무런 행동을 보이지 않을 때 그가 체감하는 책임감은 더 약해진다. 이것은 역설적으로 목격자가 적으면 적을수록 피해자가 도움을 받을 가능성이 높아진다는 것을 뜻한다.

라타네와 달리의 실험이
일상생활에서 갖는 의미

　　방관자 효과는 이제껏 인적이 드문 어두운 골목길이나 깊은 산중에서 무서움을 느껴왔던 사람들에게는 희망적인 소식으로 들릴 수도 있겠지만 그렇다고 모든 사람이 삭막한 도시를 떠나 시골로 이주할 수는 없는 일이다. 그러나 라타네와 달리가 행했던 실험의 결과들만을 보자면, 좀 더 확실히 신변의 안전을 보장받으려면 도시보다는 농어촌 지역에서 머무르는 것이 더 낫다는 결론이 나온다. 방관자 효과가 시골에서보다는 도시 환경에서 뚜렷하게 나타난다는 것을 이들의 실험이 증명하고 있기 때문이다. 원인은 명백하다. 인구가 적은 환경에서는 목격자의 수가 일단 줄어들고 사람이 적으면 긴급 상황을 목격하는 데서 발생하는 책임감을 나눌 사람도 적어진다. 게다가 주민들이 평소 서로 잘 알고 지내는 지역에서는 서로 짐을 덜어줄 수 있는 분위기가 형성되어 있다. 만일 내가 힘든 상황에 빠지더라도 네가 도와주고 반대로 네가 위험에 처하면 내가 도와준다는 식이다. 그러나 도시에서는 내가 도움을 주었던 사람을 훗날 다시 마주칠 가능성이 현저히 낮다.

14차례 길에 찔린 여자

하지만 이것 때문에 도시생활을 청산하고 시골로 내려가 살기는 무리라면? 방관자 효과를 무력화할 수 있는 간단하고도 효과적인 전략은 구경하고 있는 사람 중 누구 하나를 구체적으로 지목하거나 직접 말을 걸어 도움을 요청하는 것이다. 이 방법은 우물쭈물하는 가운데 진행이 멈추어버린 방관자의 인지 과정을 각성시켜 신속하게 결정을 내리도록 도와준다. 1960년대에 여러 명의 주민이 보는 가운데 강간당하고 칼에 찔려 안타깝게 숨진 키티 제노비스가 목격자 중 한 사람을 특정해서 도와달라고 소리쳤다면 아마도 목숨을 구했을지도 모를 일이다.

목격자 진술의 증거능력

누군가의 진술이 알고 보니 거짓증언으로 밝혀졌다며 요란하게 떠드는 신문기사를 접할 때마다 독자들의 가슴에는 일종의 찝찝함이 올라온다. 거짓된 진술에 관한 이야기를 보거나 들을 때마다 뭔가 불안한 느낌이 피어오르는 이유는 결국 자신도 부정확하거나 왜곡된 진술을 했다는 이유로 피고인 신분으로 법정에 설 수 있다는 일말의 가능성을 아주 배제할 수 없기 때문이다. 이를테면 교통사고처럼 매우 복잡하고 다중적인 스트레스 상황에서 아무리 목격자라지만 어떻게 단

몇 초라는 극히 제한된 시간 안에 본 것만으로 정확한 기억을 소환할 수 있단 말인가?

증인 진술이 얼마나 조작과 오염에 취약한지는 다양한 측면에서 심리학에서 충분히 연구해볼 만한 가치가 있는 주제다. 증인 진술이라는 소재는 예를 들어 거짓말의 구조 또는 인간의 기억과 인식을 변화시키는 요인 등 여러 심리학 현상을 동시에 연구할 수 있는 바탕이 된다. 미국의 심리학자 엘리자베스 로프터스Elizabeth Loftus와 존 파머John Palmer는 1970년대에 목격자 법정진술의 신뢰성과 의도치 않게 거짓 진술을 하게 만드는 요인들에 관심을 가지게 되었다. 목격자의 기억이란 것은 영상기록과 절대 동등하지 않고, 단편적으로 잘린 동영상 조각들로 이루어진 모자이크에 가까우며 찰나의 순간을 감정으로 물들인 기억이자 다양한 해석의 여지를 제공한다는 것을 현재는 대부분의 심리학자가 기정사실로 받아들인다. 로프터스와 파머 연구팀은 실험연구를 통해 오늘날 대부분의 심리학 교재에 실리고 있는 이 학설이 확립되는 데에 많은 기여를 했다.

'증인 진술'이라는 말은 피가 낭자한 살인사건, 끝내 범인을 잡지 못한 납치사건, 대도의 보석 탈취사건 등 뭔가 대단한 게 있을 것만 같은 기대감을 불러일으킨다. 그러나 실제로 우리가 일상생활에서 훨씬 많이 접하는 것은 자동차 사고와 관련된 목격자 진술 같은 것들이다. 어느 차가 얼마나 빨리 달렸는가, 어느 차가 어느 차보다 먼저 갔는가, 정말 멈춤 표지판이 설치되어 있었는가 하는 사항들에 대해 지루하고 끈질긴 질문을 받을 때가 평범한 우리가 그나마 범죄심리학을 조금이라도 가까이 느낄 수 있는 일상 속 유일한 순간이며, 사실 그 이상의 사건에 휘말리지 않는 것이 좋기도 하다. 로프터스와 파머 연구팀도 목격자의 증언이 얼마나 신빙성이 있는가에 대해 알아보기 위해 현실에서 흔히 접할 수 있는 교통사고를 택했다. 기존 연구논문들을 참고한 결과 두 사람은 질문의 형태와 방식에 따라 기억된 사고 장면이 크게 달라질 수 있음을 예상하고 있었다.

이 가설을 검증하기 위해 연구팀은 45명의 남녀 대학생들을 모아 몇 개의 그룹으로 나눈 다음 시애틀 경찰청 자료실에서 수집한 7개의 영상자료를 보여주었다. 이것들은 모두 교통사고 현장이 녹화된 영상으로, 짧게는 5분에서 길게는 30분 정도 분량이었다. 한 영상이 끝날 때마다 피실험자들에게는 사고과정에 관한 여러 질문이 담긴 설문지가 주어졌다. 질문

중에는 실험의 핵심주제가 담긴 다음과 같은 질문도 있었다. "서로 부딪혔을 때 두 자동차는 어느 정도 속력으로 달리고 있었습니까?" 그런데 '부딪히다'라는 뜻으로 쓰이는 'hit'이라는 단어를 각 그룹에 따라 다른 단어로 바꾸었다. 한 그룹에게는 서로 '접촉했을' 때로, 다른 그룹에게는 '세게 박았을 때 smashed'로 바꾸어 질문했다. 다른 그룹들에게는 '충돌했다 collided'와 '쿵 찧었다bumped'라는 단어를 사용했다. 실험은 약 1시간 반 정도 소요되었다.

모든 피실험자가 동일한 영상들을 보았으므로 차의 속력에 관해서 어느 정도 일치하는 결과가 나오리라고 예상할 수 있었다. 다만 평소 교통과 관련한 경험이나 전반적으로 물체의 속력을 가늠하는 개인적 능력 등에 따라 약간 차이를 보일 수는 있을 것이라는 추측이 가능했다. 그러나 연구팀이 발표한 논문에서는 이러한 능력에 따른 차이가 아니라 어떠한 단어가 사용되었느냐에 따라(부딪히다, 접촉하다, 세게 박다, 충돌하다, 쿵 찧다) 추측된 속력이 큰 폭으로 달라졌다는 결론을 발견할 수 있었다. 다시 말해 표현 하나만 바꾸었을 뿐인데 진술 내용에 중대한 차이가 생겼던 것이다. 증인으로 호출되어 법정에 서면 큰 압박감과 긴장에 짓눌리기 쉽다. 이런 상태에서 질문하는 문장을 달리할 경우 증인은 과연 얼마만큼 영향을 받을까? 만일 영향을 받아 진술이 달라진다면 그 달라진 진술로 인해 이어지는 다른 세부적인 상황의 진술은 다시금 어떤 영향을 받을까?

로프터스와 파머 연구팀은 위의 파일럿 실험에 150명의 대학생 피실험자가 참가하는 후속연구 하나를 추가했다. 실험 과정은 첫 번째 실험과 거의 동일했다. 사고현장이 담긴 약 60초 분량의 영상을 보여준 뒤 질문에 답하게 하는 것이었다. 이번에는 세 그룹으로 나뉘었다. 첫 번째 그룹의 피실험자 50명에게는 두 자동차가 서로 세게 박았을 때 각 차의 속력은 어땠는지를, 두 번째 그룹의 50명에게는 서로 부딪혔을 때 각 차의 속력은 어땠는지를 물었고, 세 번째 그룹 50명에게는 자동차의 속력에 대해 답을 할 의무를 주지 않았다. 그로부터 일주일이 지난 후 이들에게는 저번에 보았던 자동차 영상에 대해 한 번 더 질문이 주어졌다. 사고 영상에서 유리 파편을 보았는지 묻는 것이었다. 연구팀은 당연히 이 질문을 다른 여러 질문들 사이에 섞어놓아 피실험자들이 의도를 알지 못하게 했다. 실제 영상에는 유리 파편이 없었다. 그러나 일주일 전 '세게 박았다'는 키워드로 질문받은 피실험자들은 나머지 두 그룹보다 충돌 사고의 강도를 훨씬 더 강한 것으로 기억하고 있었고 따라서 자신이 기억하는 판본에 충실하게 유리 파편을 봤다고 서술했다. 특정 단어를 의도적으로 사용했기 때문에 특정 이미지가 유발되었고, 그 이미지가 뇌리에 남아 그에 부합하고 뒷받침될 만한 또 다른 세부 사항을 기억한다는 착각이 생겨난 것이었다. '세게 박았다'라는 말은 자동적으로 유리가 깨져 파편이 날아가는 장면을 머릿속에 그리게 하는 반면, '접촉했다' 같은 신중한 단어 선택은 그러한 큰 피해의 가능성을 처음부터 거의 배제하는 기능을 한다.

로프터스의 실험이
일상생활에서 갖는 의미

엘리자베스 로프터스와 존 파머의 실험은 증인 진술이 가지는 증거능력의 신빙성에 대해 다시 한번 생각해보게 했을 뿐 아니라 오늘날 '기억'이라는 개념이 심리학에서 주도적인 개념으로 자리 잡을 수 있도록 크게 기여했다는 점에서 매우 의미가 있다. 오랫동안 기억은 여러 겹의 저장장소를 갖춘 하드디스크가 딸린 컴퓨터와 비슷한 것으로 여겨져왔다.

그러나 최근에는 기억은 역동적이며 변화 가능한 것이라는 인식이 새로이 확립되고 있으며, 이는 로프터스와 파머의 노력에 힘입은 바가 크다. 기억은 견고하거나 기계적으로 작동하는 게 아니라 정보의 상태, 필터링, 감정, 경험에 따라 변화를 거듭한다는 것이 현재 정설로 받아들여지고 있다. 누구의 시선으로 그 장면을 기억하는지에 따라 같은 사건이라도 다른 부분을 기억하며, 그에 딸린 가치평가도 크게 달라진다. 과거에 대한 회상은 최근의 경험 또는 살아오며 쌓인 행동양식에 따라 끊임없이 새로운 색깔로 물들고 첨삭된다. 또 기억속 사건은 시간이 지나고 나면 실제보다 더욱 드라마틱하게 느껴지는 면이 있다.

도형은 살아있다

1940년대 초, 114명의 여자 대학생이 한데 모여 화면에 나타난 세 개의 도형을 눈을 부릅뜨고 지켜보고 있었다. 큰 삼각형, 작은 삼각형, 그리고 원이 하나의 직사각형을 둘러싸고 화면 안에서 특이하게 움직였다. 학생들은 모두 집중력을 최대로 올려 이들의 운동을 관찰했다. 영상이 끝나고 내용에 대해 서술해야 했기 때문이었다. 큰 삼각형은 어떠한 특유의 동작을 보였는지, 작은 삼각형의 움직임에는 어떤 특징이 있는지, 그리고 원의 움직임은 어떠했는지 묘사하는 과제였다.

프리츠 하이더Fritz Heider와 마리안 지멜Marianne Simmel이 실시한 이 실험은 언뜻 보기에는 아이들 장난처럼 쉬워 보였지만 그 이면에는 장차 사회심리학의 탁월한 핵심 이론이 될 가설을 증명하려는 의도가 숨어 있었다. 오스트리아 빈에서 태어난 하이더는 베를린 심리연구소에서 전기설비 등 여러 보조일을 하며 겨우 생계를 유지하다가 당대 최고로 이름을 날리던 그라츠의 심리학자 알렉시우스 마이농Alexius Meinong과 크리스티안 폰 에렌펠스Christian Von Ehrenfels 밑에서 수학할 기회를 얻었다. 대학을 졸업한 후 여러 곳을 여행하며 베를린과 함부르크에서 연구생활을 하다가 1930년대 당시 많은 학자들이 그랬듯이 미국으로 이주했다. 이때는 행동주의가 막 심리학의 주도권을 잡았던 시대였지만 하이더는 시대정신 따위는 아랑곳하지 않았다. 그가 관심을 가진 분야는 관찰이라는 방법으로는 연구하기 매우 힘든 분야였다. 대인관계에 관심이 많았던 그는 철학과 문학 방면에서 많은 영감을 받았다. 또 참고할 만한 선행 연구가 거의 없었기 때문에 직접 학생들을 동원해 여러 가지 작은 실험들을 해야 했다. 건축가인 아버지와 배우인 어머니 사이에서 태어나 오스트리아 그라츠에서 청년기까지의 시절을 보낸 그는 자서전에서도 밝혔듯이 감수성이 매우 높고 상처받기 쉬운 예민한 성격이었다고 한다. 유년기 후반에는 터질 듯한 호기심으로 겁 없이 화약실험을 감행했다가 납 파편이 크게 튀어 왼쪽 눈을 다치기도 했다. 다친 눈을 치료하면서 그는 이 경험이 자신의 미래에 큰 변화를 가져오리라는 왠지 모를 예감을 느꼈다고 훗날 회상했다. 왼쪽 눈의 시력을 잃어버린 덕분에 제1차 세계대전 징집을 피할 수 있었으니 그 예감은 적중한 것일지도 모른다. 심리학자가 된 하이더는 오래지 않아 어떤 분야를 중점적으로 연구할 것인지 방향을 잡았다. 그는 감각을 자극하는 요인들이 모두 사라질 경우 인간의 심리에는 어떤 현상이 일어나는지 알아보기 위해 동굴에서 12시간을 혼자 보내는 등 학생 시절부터 모르는 것을 알 때까지 그 어떤 불편함도 마다하지 않는 사람이었다. 그가 쓴 자서전에는 깜깜한 동굴을 벗어나 환한 바깥에 첫 발을 디디고 나와 눈앞에 펼쳐진 계곡의 풍경을 보았을 때의 환희와 기쁨이 생생히 기록돼 있다.

하이더와 지멜이 공동으로 발표한 논문 〈표면행동에 대한 실험적 연구An Experimental Study of Apparent Behavior〉에서 두 저자는 타인에 대한 인식이 인간관계 성립에 매우 중요한 핵심인데도 이 분야에 관한 심리학 논문들이 거의 없다는 데 대한 아쉬움을 드러냈다. 물론 소통수단으로서의 제스처나 얼굴표정에 대한 연구는 꽤 있었다. 그러나 두 연구자는 얼굴표정은 타인에 대한 평가요소 중 매우 작은 역할만을 수행한다고 보았기 때문에 보완연구의 필요성을 느낄 수밖에 없었다. 그래서 표정에 대한 해석 대신 이것을 완전히 대체할 수 있는 다른 방법, 즉 얼굴 없는 몸통을 제시해 참가자들이 오로지 이들의 행동이나 움직임에만 집중하게 만들기로 했다. 또한 이 실험에는 다른 특이점이 하나 더 있었는데 그것은 참가자가 관찰한 내용의 옳고 그름 여부가 아닌 그들이 묘사한 내용과 그렇게 생각하게 된 이유에만 철저히 관심을 제한한 것이었다.

실험에 참가한 대학생들이 본 영상은 약 2분 30초짜리 짧은 영상이었다. 세 개의 도형(크고 작은 삼각형 각각 하나, 원 하나)이 각기 다른 속도로 사방팔방 움직이고 있는데 갑자기 커다란 직사각형이 나타났다. 직사각형의 속에는 문처럼 열고 닫을 수 있는 구멍이 뚫려 있었다. 옛날 만화영화 기법을 사용해 만들어진 영상 속 도형들의 움직임을 설명하기 위해 하이더와 지멜 팀은 마치 인간의 행동을 묘사할 때처럼 다음과 같이 표현했다.

큰 삼각형이 집(직사각형) 쪽으로 다가가 문을 열고 안으로 들어간 다음 문을 닫는다. 작은 삼각형과 원이 화면에 나타나 문 근처에서 움직인다. 큰 삼각형이 밖으로 나오더니 작은 삼각형 쪽으로 다가간다. 두 삼각형은 싸우다가 큰 삼각형이 이기고 원은 그사이 집으로 들어간다. 큰 삼각형이 그 뒤를 이어 집으로 들어가 문을 닫는다. 그러더니 원을 쫓아다니며 집 안을 휘젓는다. 한편 집 밖에 있던 작은 삼각형은 문을 향해 이동한다. 문을 열자 원이 튀어나오고 둘은 함께 문을 닫는다. 큰 삼각형도 밖으로 나가려고 애를 쓰지만 닫힌 문은 열리지 않는다. 작은 삼각형과 원은 8자를 그리며 함께 앞서거니 뒤서거니 달리다가 몇 차례 서로 맞닿는다. 큰 삼각형은 마침내 문을 여는 데 성공하고 집 밖으로 나와 나머지 두 도형의 뒤를 따라다니며 집을 두 바퀴 돈다. 두 도형은 함께 화면 밖으로 홀연히 사라진다. 홀로 남은 큰 삼각형은 집을 부수어버린다.

그저 그런 만화영화에 나올 법한 맥락 없는 내용이지만 연구팀이 이를 어떻게 묘사했는가는 매우 중요하다. 연구팀은 사람의 속성을 차용해서 도형들에게 동기를 부여하지 않고서는 그 움직임들을 표현할 방법을 찾을 수 없었다. '쫓아

다니다' 또는 '싸우다', '집'과 같은 단어들은 엄밀히 말해 부적절하다. 도형에게 움직임의 동기란 존재하지 않기 때문이다. 동기가 있다면 도형의 움직임을 그린 인간에게만 있다. 그럼에도 불구하고 하이더와 지멜 연구팀은 실험을 시작하기도 전부터 사회심리학의 중심가설을 증명하는 듯했다. 즉 인간은 자신의 눈에 비치는 모든 활동에는 다 이유가 있다고 생각하며 특히 그 행동의 주체가 지닌 인격 등 성향적 요소에서 이 이유를 찾지만 상황적 요소는 과소평가하는 경향이 있다는 주장이다. 이 현상은 심리학에서 '귀인오류attribution error'라고 일컬어진다. 첫 번째 실험에서 34명의 참가자들은 영상에서 일어나는 일을 서술하라는 과제를 받았다. 두 번째 실험에서는 36명의 다른 참가자들에게 다음과 같은 구체적인 질문이 주어졌다.

1. 큰 삼각형은 어떤 인물입니까?

2. 작은 삼각형은 어떤 인물입니까?

3. 원은 어떤 인물입니까?

4. 두 삼각형은 왜 싸웠습니까?

5. 원은 왜 집 안에 들어갔습니까?

6. 영상 중간에 큰 삼각형과 원이 집 안에 함께 있는 장면
   이 나왔습니다. 이때 큰 삼각형은 무엇을 했습니까? 왜
   그랬습니까?

7. 큰 삼각형과 함께 집 안에 있게 된 원은 무엇을 했습니
   까? 이유는 무엇입니까?

8. 집 안에 갇힌 큰 삼각형이 밖으로 나오려고 시도하는
   장면이 나옵니다. 이때 작은 삼각형과 원은 무엇을 했
   습니까?

9. 큰 삼각형은 왜 집을 부수었습니까?

10. 영상의 내용을 몇 문장으로 요약하세요.

즉 참가자들이 해야 할 일은 각 도형의 특성, 이들이 싸웠
던 원인으로 생각되는 것, 원이 집으로 들어갔던 이유를 서술
하는 것이었다. 또 이들은 큰 삼각형이 집에서 무엇을 했는지,
그 이유가 무엇이었는지에 대한 생각도 서술해야 했다. 대체
큰 삼각형은 집을 왜 부수었을까? 마지막 문제는 전체 영상
의 줄거리를 몇 줄로 요약하는 것이었다.

프리츠 하이더와 그의 제자 마리안 지멜이 관심을 가졌
던 것은 두 번에 걸친 실험에서 참가자들이 도형의 움직임

을 생물의 행동에 빗대어 묘사할 것인지 여부였다. 실제로 참가자 중 살아있는 생물의 동작을 빌리지 않고 줄거리를 설명한 사람은 아무도 없었다. 참가자들은 대부분 도형을 의인화해 이야기를 풀어갔고 단 두 명만이 사람이 아닌 새에 빗대어 설명했다. 참가자 전원은 작은 삼각형과 큰 삼각형이 싸웠다는 것, 작은 삼각형과 원이 한편이라는 것, 둘이 한편이라는 것이 큰 삼각형의 마음에 들지 않았다는 데 모두 같은 의견을 냈다. 대부분의 참가자가 큰 삼각형을 이 영상의 메인 악당인 사나운 남성으로 묘사했으며 여성인 원을 차지하려고 다른 남성인 작은 삼각형과 싸우는 인물로 해석했다.

큰 삼각형은 싸움을 좋아하고 성격이 급하며 못되고 저열하고 어리석은 분노한 인물로 표현되었다. 대부분의 참가자들은 큰 삼각형을 남성으로 보았고 이러한 그의 별로 환영받지 못하는 태도를 참가자들은 입을 모아 굉장히 부정적으로 평가했다. 그것이 큰 삼각형의 개별적 특성에 기인한 것인지 전후 상황에 기인한 것인지는 이들에게 상관이 없었다.

그에 반해 작은 삼각형은 영웅적이고 용감하며 몸을 사리지 않는 전사에 비유되며 많은 참가자의 호감을 얻었다. 그러나 큰 삼각형이 압도적으로 부정적 인상을 남긴 것과는 달리 의견이 다소 분산되는 현상을 보였다. 그 자체로는 아무 죄가 없는 도형이지만 그에게도 긍정적인 평가 이외에 겁이 많다, 공격적이다, 맹랑하다, 남을 놀려먹기 좋아한다 등의 해석이 붙었다.

그런가 하면 흥미롭게도 원이 여성이라는 데에는 대부분의 참가자가 의견의 일치를 나타냈다(75퍼센트가 원은 틀림없이 여성 또는 여자아이라고 서술했다). 원에게 내려진 평가는 겁이 많다, 비겁하다, 부끄러움이 많다, 불안해한다, 순종적이다, 위험에 빠져 있다, 나약하다 등이었다. 다행히도 이에 반하는 다른 의견들도 있었다. 이들은 원에게서 용기가 있다, 똑똑하다, 고집이 세다, 의리가 있다, 예쁘다, 인정이 있다, 유순하다 등의 특성을 인지했다고 서술했다.

이 세 가지 도형의 특성을 서술하는 데에 얼마나 많은 수식어들이 동원되었는지 살펴보면 놀랍고 흥미롭다. 참가자들은 아무 의미 없는 도형 세 개가 나오는 약 2분이 조금 넘는 짧은 영상을 보았지만 그 안에서 성별뿐 아니라 기회주의와 같은 매우 고도의 복합적 인성구조를 진단할 수 있었던 것이다. 이들은 도형들에게 호감도를 매기고 똑똑함의 정도를 유추했다. 또한 평면 안에서 움직이는 이차원적 도형들의 행동

동기를 전혀 어려움 없이 설명할 수 있었다. 작은 원이 집으로 들어간 이유는 안전하게 피신하기 위해서였다는 것이 이들에게는 너무도 분명했다. 소란에 두려움을 느끼고 집 안으로 숨으려고 했다는 것이다. 무대에 등장한 큰 삼각형이 원의 뒤를 쫓으며 접근을 시도했다. 그는 원을 공격하며 죽이려고 했든 키스하려고 했든 간에 어떠한 형태로든 접촉하려고 했다. 어쨌든 참가자들은 큰 삼각형이 악행을 저지르려고 했으며 원에게 위협적 존재라는 점에서는 이견을 보이지 않았다. 이러한 시각은 원의 움직임을 큰 삼각형에게서 도망치는 행위로 보는 일관된 해석으로도 잘 나타난다. 마지막에 큰 삼각형이 홀로 '집'에 남아 있게 되자 나머지 두 도형은 자축하며 서로 입을 맞추거나 최소한 악수를 나누는 모습을 보이며 승리에 못을 박는다. 두 도형이 함께 8자 모양을 그리며 움직이는 것은 기쁨의 표현으로 해석되었다. 큰 삼각형이 집을 망가뜨린 이유는 무엇이라고 생각하느냐는 질문에 95퍼센트의 참가자가 두 도형이 도망간 것이 분하고 화가 나서라고 대답했다. 또한 다수의 참가자는 그 행동이 큰 삼각형의 개별적 캐릭터에 기인한 것이라고 답했다. 일부 다른 의견도 있었다. 이들은 큰 삼각형이 화가 난 이유가 집이 튼튼하지 않아서라고 답했는데, 누군가를 가두는 역할을 충실히 수행할 수 없을 만큼 시원치 않은 집이라서 당연히 무너뜨릴 수밖에 없었다고 해석했다.

이제 세 번째 실험이 수행되었다. 참가자들에게는 순서를 거꾸로 한 영상, 즉 큰 삼각형이 집을 무너뜨리는 장면으로 시작하는 영상이 상영되었다. 참가자들은 이번에도 역시 거의 예외 없이 도형에게 인간의 행태를 부여해 내용을 설명했다. 이들은 단순히 영상에 나온 내용만 이야기하는 것이 아니라 스스로 생각해낸 이론과 동기와 성격을 가져다 설명했는데 그중 우연이라는 요소를 동원해서 이야기를 풀어나간 사람은 없었다. 우리는 자신을 둘러싼 환경을 파악하기 위해, 더 나아가 통제할 수 있다고 인식하기 위해 사건의 앞뒤에서 어떠한 인과성을 찾으려고 노력한다. 그래서 무생물인 도형의 움직임, 또는 보기에 따라 '행위'라고 생각되는 동작들에 사람에게서 볼 수 있는 특성을 부여하고 관계를 분석함으로써 인과성을 설명하려고 하는 것이다.

우리는 우리 자신이 어떠한 영향도 주지 못하는 셀 수 없이 많은 사건과 이해할 수 없는 일들을 매일 마주치며 살아간다. 지하철이 시간표에 맞춰 오는지, 빵집이 영업시간을 지키는지 같은 사소한 일들 말고도 그 속을 알 수 없고 원인을 찾을 수 없는 인간의 행태들을 보며 우리는 고민에 빠진다. 회사 동료가 오늘 내게 아침인사를 하지 않은 이유가 뭘까? 우리 아이는 숙제를 해 가지 않으면 선생님한테 엄청나게 혼이 날 걸 알면서도 또 다시 밤에 몇 시간이고 앵그리 버드 게임에 빠져 잠도 안 자고 딴짓을 할까 아니면 이번에는 착실히 숙제를 할까? 나는 이번 통계학 시험에 또 떨어질까? 이렇게 우리는 마음의 안정을 얻기 위해 어떻게든 말이 되는 이유를 찾으려고 안간힘을 쓴다. 이렇게 할 때 우리는 매우 흥미롭기 짝이 없는 사회심리학적 과정, 즉 귀인歸因, attribution의 과정을 수행하고 있는 것이다. 인간은 자신이 보는 것을 설명하려고 한다. 어떤 설명이 나오느냐에 따라 그다음 단계의 태도가 결정되고 타인과 자기 자신을 포함한 인간을 어떻게 보는

도형은 살아있다

193

가와 그에 따른 행동이 만들어진다. 하이더는 여기에 내적 요인과 외적 요인 두 가지 방향이 존재한다고 보았다. 내부에서 원인을 찾는 사람은 사람의 태도를 그 사람에게 내재된 특성, 예를 들면 성격 같은 것으로 설명하려고 한다. 외부에서 원인을 찾는 사람은 환경과 상황적 요인을 앞세워 생각한다. 앞서 든 예처럼 오늘 아침 내가 활기차게 아침인사를 건넸는데도 회사 동료가 아는 체를 하지 않았을 때 당신은 기분이 나빠져 그가 인사하지 않은 이유를 찾아본다. 만일 당신이 내적 요인을 중시하는 사람이라면 동료의 태도를 다음 두 가지 중 하나로 유추할 것이다. "내가 그럴 줄 알았어. 저 인간은 원래 거만한 녀석이야"이거나 "그러면 그렇지. 이 회사에서 나를 좋아하는 사람은 아무도 없어"라고. 이것은 동료의 예의 없는 행위를 설명하기 위해 동료의 성격 또는 내 안에서 원인을 찾으려 한다는 뜻이다. 반면 외부에서 원인을 찾을 수도 있다. "아까 보니까 복도가 굉장히 시끄럽던데, 아마 내 인사를 못 들었을 거야." 자신이 목격한 것이 어떻게 그 상태까지 오게 되었는지, 어떤 요인이 그 사건에 중요한 역할을 했는지 스스로 납득하기 위해 우리는 순진한 이론을 세운다. 하이더와 지멜의 실험은 무엇 때문에 어떤 방식으로 무엇이 발생했는지에

대해 의미와 개연성을 부여하는 일종의 대본을 만드는 일에
우리가 얼마나 진심인지를 잘 이야기해준다. 더 나아가 우리
가 가진 정보가 아무리 부족하고 보잘것없을지라도 이 대본
은 어떻게든 쓰인다는 것을 알려준다.

　우리는 일상생활에서 끊임없이 타인의 행동을 해석하고
분석하기에 이러한 경향을 빼놓고 인간의 삶을 이야기할 수
없다. 예를 들어 배우자와의 관계에서 우리는 한쪽으로 쏠린
귀인해석이 얼마나 해로운지 알 수 있다. 모든 태도가 내적
요인으로 귀결되는 관계에서는 상대방이 이유 없이 갑작스럽
게 화를 터뜨릴 때 사실 직장에서 너무 힘든 하루를 보내서라
든가 불편한 대화가 싫어서라든가 하는 외부 요인에 이유가
있는데도 원인을 항상 내적 요인에서 찾으려 한다. 자신의 능
력에 관한 이해 또한 귀인의 방향에 매우 큰 영향을 끼칠 수
있다 이를테면 자신이 가진 모든 긍정적인 능력들을 외부 요
인에서 찾으려고 하고 오직 부정적인 능력들만 자신의 것으
로 돌리는 경우가 있다. 영어시험을 망친 이유가 오로지 자신
의 무능력에만 있다고 생각하는 학생이 있다고 하자. 그런데
뜻밖에도 점수가 잘 나왔다면 그는 자기가 잘했기 때문이라
고 생각하지 않고 다른 외부의 상황에 원인을 돌린다. "선생님

이 너무 피곤한 상태에서 점수를 매기셔서 틀린 답을 제대로 확인하지 못한 바람에 점수가 잘 나온 거 아냐?"라든지 "이번에 시험이 너무 쉬웠나 보지"라고 생각할지언정 시험공부를 나름대로 열심히 했기 때문에 점수를 좋게 받은 것이라고는 해석하지 못한다.

이처럼 귀인 과정은 개인적인 차원에서도 결코 쉬운 문제는 아니지만, 여러 사람이 똑같은 사건을 보고 각자 해석을 내릴 때 어려움은 첨예화된다. 열 명이면 열 명이 내놓는 원인설명이 모두 다 다르기 때문이다. 같은 것을 놓고도 사람마다 내적 요인과 외적 요인을 다르게 지목하는 데에서 갈등과 오해의 불씨가 피어오르며 이것은 저절로 해소되기 무척 힘들다. 어쨌든 사건에 관련된 모든 사람은 자기들이 같은 상황을 설명하고 있다고 철석같이 믿기 때문에 생각의 차이가 서로 다른 관점의 차이에 기인한다는 것을 여간해서는 인정할 수 없는 것이다.

타인은 지옥이다

제2차 세계대전이 던진 충격을 직격탄으로 맞은 전 세계는 처절한 질문을 던졌다. 너무 많은 인간들이 아무 죄 없는 사람들에게 고통을 가하고 그들의 목숨을 짓밟았으며 잔인한 방식으로 악을 행했다. 전후에 열린 재판에서 이들은 모두 단지 군부의 명령에 따랐을 뿐이라고 강력하게 호소했다. 그러나 어떻게 그렇게까지 잔인한 비극이 일어날 수 있었을까? 왜 아무도 반기를 들지 않은 것일까? 어떤 인간형이 그런 잔인한 행위를 저지를 수 있을까? 앞으로 이런 일이 다시 일어

복종실험
———

날 가능성이 있는 걸까?

　그때 그런 일이 일어날 수 있었던 까닭에 대한 손쉬운 대답은 복종에 기반을 둔 교육방식을 통해 길러진 독일인의 냉정하고 엄격하며 철저한 군인정신이 원인이라는 것이다. 뉴욕에서 활동한 사회심리학자 스탠리 밀그램은 1940년대에 유년시절을 보냈다. 그는 이러한 설명은 전혀 합당하지 않다고 느꼈다. 반유태주의적, 인종주의적 정권이 권력을 잡고 대다수의 국민이 이들을 거의 아무런 저항 없이 받아들이고 더 나아가 지지하기까지 했던 일이 오직 독일에서만 가능했다고 단정할 수 있을까? 수많은 역사적 사건이 보여주는 현실은 이른바 이 '독일인의 유일한 특성'이 오직 독일인에게만 한정되어 있기 때문에 이런 범죄가 다시는 일어나지 않을 것이라는 안일한 가설을 뒷받침하지 않는다. 1961년, 스탠리 밀그램은 출신 배경에 상관없이 모든 보통 사람들의 대다수가 나치 시절의 사람들과 굉장히 흡사하게 반응하며 권위를 가진 인물의 명령만으로도 별 생각 없이 타인에게 고통을 가할 수 있다는 충격적 증거를 내놓았다.

　일반적으로 보면 피실험자가 타인에게 해를 가하도록 만드는 실험은 실제로 시행하기가 거의 불가능에 가깝다고 생각할 수 있다. 설문지에 응답하거나 실험에 참여하는 사람들이 남들이 지켜보고 있다고 인식하기 때문에 가능한 한 사회적으로 용인되거나 바람직하다고 여겨지는 모습을 그려내기 위해 노력하는 현상을 심리학에서는 '사회적 선망(바람직성)에 의한 편향'이라는 용어로 부른다. 그런데 이후 세계적으로 유명해진 밀그램 실험에서 무작위로 선정된 보통의 성실한 코네티컷주 주민들이 사회적 규범에 반해 타인에 대한 의식적인 잔인성을 보였다는 사실은 어떻게 설명할 수 있을까? 조교수로 재직하던 젊은 스탠리 밀그램은 전압의 강약에 따라 전기충격의 강도가 달라지는 가짜 전기충격기와 그것에 연결된 배우의 생생한 연기 덕분에 이 질문에 대한 답을 제시할 수 있었다.

실험을 위해 우선 피실험자가 선발되어야 했다. 실험의 왜곡을 방지하기 위해 밀그램은 소정의 대가가 지불되는 기억력 테스트에 참가할 사람을 모집한다고 신문광고를 냈다. 일단 예일 대학교라는 명성이 있었고 실험 자체도 별로 위험하지 않아 보였기에 대학도시인 뉴헤이븐에서 참가자를 모으는 것은 어렵지 않았다. 그러나 아무것도 모르는 이들을 기다리던 실험은 거의 연극무대에 맞먹을 만큼의 연출력이 바탕이

된 심리실험이었다. 모집된 참가자들을 제외한 모든 실험관계자는 실험의 장치에 대해 알고 있었으며 원래는 어느 누구에게도 해를 끼치지 않는 안전한 실험으로 설계되었다. 각 실험은 실험의 진짜 목적을 모르는 피실험자 1인을 포함해 3인 1조로 구성된 팀별로 실시되었으며 한 사람은 실험진행자, 나머지 한 사람은 연기자였는데, 이러한 실험모델은 밀그램의 박사과정 지도교수였던 사회심리학자 솔로몬 애시Solomon Asch 의 논문에서도 큰 성공을 보인 바 있었다.

스승에게서 아이디어를 얻은 스탠리 밀그램은 자신의 실험에서도 피실험자로 위장한 전문 연기자를 쓰기로 했다. 배우 선발의 기준은 '매우 평범할 인상을 줄 것'이었고 이렇게 선발된 배우에게는 지극히 평범한 가명이 주어졌다. 동네 슈퍼마켓이나 아파트 복도, 지하철에서 마주칠 법한 보통의 남자로, 그 어떤 특별한 감정도 불러일으키지 않고 마주친 지 1분만 지나도 곧 어떻게 생겼는지 잊어버릴 만한 이미지를 가져야 했다. 연기자는 진짜 피실험자와 짝이 되어 이른바 실험을 주도하는 역할을 맡았다. 즉 둘 중 하나는 '학생'이 되어 '선생'이 불러주는 단어들을 그대로 외워 따라해야 했는데 이 기억력 테스트에서 학생이 잘 기억을 하지 못해 실수를 하면 선생이 벌칙으로 전기충격을 가하는 것이었다. 뽑기를 통해 피실험자는 '다행히' 선생 역할을 맡았고 연기자인 나머지 사람에게는 학생 역할이 주어졌다. 지극히 평범한 스타일의 연기자가 가벼운 농담으로 짐짓 불안감을 떨치려고 애쓰는 모습을 보이는 가운데 실험진행자는 그를 알 수 없는 스위치가 줄줄이 달리고 금속성의 둔탁한 광택을 내는 무시무시한 의자로 안내했다. 의자의 외관은 미국에서 지역에 따라 지금도 사형도구로 사용되고 있는 전기의자를 은연중에 연상하도록 의도적으로 디자인한 것이었다. 실험진행자는 고문도구를 매우 닮은 이 의자에 앉은 허술한 정장 차림의 안경 낀 남자에게 여러 겹의 띠를 맨 후 단단히 고정시키고 손등에 전기침을 달았다. 점점 불안한 기색이 짙어지기 시작한 학생 역의 남자는 마치 짐 꾸러미처럼 온갖 줄과 띠로 둘둘 묶인 형상이 되었다. 남자에게 어느 정도의 고통이 주어지는지 실제로 느껴보기 위해 선생 역의 피실험자에게 약한 단계의 전기충격을 몸소 체험해볼 기회가 주어졌다. 피실험자에게 가해진 45볼트의 전압은 아무것도 아닌 정도라고는 할 수 없었지만 그가 나중에 학생에게 가할 수 있는 강한 전압에 비하면 미미한 것이었다. 물론 다 연출된 것이긴 했지만 이윽고 겁에 사로잡혀 몸을 앞뒤로 흔드는 학생에게 가해질 수 있는 전기충격기의 최대 눈금은 450볼트였다. 이는 아주 잠깐만 전류를 흘려보내도 사람을 사망에 이르게 할 수 있는 세기였다. 피실험자는 실험진행자에게서 바로 옆방 의자에 앉아 있는 착하고 평범하게 생긴 남자가 기억력 테스트에서 틀린 답을 말할 때마다 바로 15볼트씩 전압을 올리라는 지시를 받았다. 학생은 선생이 불러주는 단어들을 순서대로 외워서 말해야 했는데 어려운 단어는 없었지만 그 수가 많았기 때문에 곧 틀린 답이 나왔고, 선생은 지시에 따라 첫 번째 전류를 흘려보내야 했다. 마이크를 통해 선생과 가볍게 대화하던 학생, 즉 연기자는 첫 번째 전기충격을 받자마자 여유로움 같은 것은 잃어버렸다. 실험의 진짜 정체를 모르는 선생은 시간이 지날수록 전압을 높여야 했고 학생의 괴로움은 회를 거듭할수록 짙어졌다. 결국 학생은 고통을 참지 못하고 소리를 지르며 당장 실험을 그만두어달라고 애원했다. 그렇지만 물론 실제로 연기자에게 가해지는 전기쇼크는 없었고 볼트가 올라갈수록 사전에 밀그램과 약속한 대로 고통의 강도가 올라간 척 연기를 했을 뿐이었다. 옆방에서 들려오는 고통스러운 비명과 신음소리, 울먹거리는 소리에 몇몇 피실험자는 회의감을 나타내며 실험이 이래도 되냐고 강한 의문을 제기하기도 했다. 이에 실험진행자는 사전에 준비된 네 가지 말로만 대응하며 그의 말을 차단했다(예를 들면 "학생이 어떤 반응을 보이든 단어조합을 완벽하게 다 외울 때까지 당신은 계속 진행해야만 합니다. 그러니 계속하십시오!"). 옆방에서 계속 신음을 토해내는 학생의 건강을 염려하는 피실험자의 물음에도 실험진행자는 장기적 피해는 없을 거라는, 역시 사전에 마련된 대답만을 반복했다. 뽑기를 잘못해서 운 나쁘게 학생 신세가 된 죄로 선의의 피해자가 생기면 그 책임은 누가 질 거냐는 논쟁이 일어나자 실험진행자는 모든 책임은 연구팀에서 진다는 미리 준비한 건조한 대답을 줄 뿐이었다. 밀그램은 피실험자가 네 번 항의할 경우 실험을 중단한다는 원칙을 세워놓았다.

밀그램의 실험에서 나온 결과는 그 당시에도 충격적이었고 오늘날의 관점에서 보아도 여전히 그렇다. 40명의 피실험자 가운데 단 14명만이 강도를 최대볼트까지 올리기를 거부했다. 밀그램은 실험규칙에 불만을 느끼거나 거부감을 느끼는 피실험자가 많다는 것을 손을 떨거나 울거나 어이없다는 듯 헛웃음을 짓거나 자기 자신을 때리거나 나지막이 혼잣말을 하는 현상에서 확인했다. 그럼에도 불구하고 대부분의 피실험자는 실험진행자의 권위에 복종했다. 실험이 종료된 후 모든 피실험자가 실험의 진짜 의도와 방법에 대한 설명을 들었으며 학생 역할을 맡은 사람의 안전에는 아무런 피해가 가지 않았다는 것을 확인받았다. 하지만 밀그램 실험은 거센 윤리적 저항을 받으며 비판의 대상이 되었고 실제로 피실험자의 정신적 후유증에 대한 가능성이 완전히 배제되지도 못했다. 밀그램 스스로도 놀랐다고 밝힌 이 실험은 곧 심리학과 관련된 모든 교재와 교과서에 실리는 유명한 실험이 되었다.

밀그램의 실험이
일상생활에서 갖는 의미

그는 발표된 논문에서 두 가지 결과가 특히 더 의외였다고 밝혔다. 첫째는 아마 인간에게만 존재하리리고 생각되는 극도로 강력한 복종에의 의지였다. 피실험자들은 모두 다른 사람에게 해를 끼치는 행동을 해서는 안 된다고 어렸을 때부터 반복해서 교육을 받았을 것이다. 그런데 이 실험에서 권위자에게 복종을 하지 않는다고 해서 특별히 경제적 손해를 입는다든가 벌칙을 감수해야 하지 않았는데도 그들 대부분은 권위를 쥐고 있다고 여겨지는 인물의 명령을 따르기로 결정했던 것이다. 스스로의 비도덕적 행위에 대해 거부적이거나 심각하게 절망하는 반응을 보이는 피실험자들의 태도에서 밀그램은 이들이 원래 가지고 있던 가치관과 믿음에 정면으로 충돌하는 행동을 하고 있음을 읽어냈다. 그는 이러한 태도와 경험의 불일치를 두 번째 의외의 결과로 꼽았다.

밀그램의 복종실험은 발표된 지 50년이 지났지만 오늘날까지도 이 실험의 결과에 관해 연구하는 이들에게 개운치 못한 뒷맛을 남겨놓았다. 권위를 가진 것이라면 그 무엇에게라도 복종하려 하는 맹목적인 태도는 현재 우리 사회에 어떤 의미를 가지는가?

교육수준, 정치적 성향, 연령의 높고 낮음에 상관없이, 인간은 기회만 있으면 자신의 도덕적 기준을 세우기보다는 다른 사람의 기준에 맞추려는 경향이 있는 것으로 보인다. 아늑한 집에서 편안한 자세로 소파에 기대어 이 글을 읽는 우리는 배운 단어를 잘 기억하지 못하는 것 말고는 다른 잘못이 없는 무고한 학생에게 전기충격기로 고통을 주는 벌을 내리지는 않을 것이라고, 그렇게 시키는 사람이 있다면 단연코 거부할 것이라고 쉽게 말할 수 있다. 그러나 밀그램 실험은 인간은

인간은 자신이 질 책임을 포기하고 권위를 가진
인물의 지시에 따를 준비가 되어있음을 보여준다

생명이 위태롭지 않은 상황일지라도 자신이 질 책임을 포기하고 권위를 가진 인물의 지시에 따를 준비가 되어 있다는 것을 증명했다. 이 지시가 자신이 가진 도덕적 경계선을 얼마나 훼손하든, 얼마나 의미 없고 괴이하든 전혀 상관이 없다. 염세주의자라면 "인간은 좋지 않다"는 브레히트의 말을 빌려 이 단락을 결론 내겠지만 다행히도 우리에겐 불굴의 인격에 대한 희망을 포기하지 않게 만드는 또 다른 실험들이 있다. 리액턴스를 설명하는 페니베이커와 샌더스의 실험이 하나의 예가 될 것이다.

익숙하지 않은 것은 익숙한 것에 자리를 내어준다

"심리학이라는 학문은 긴 과거와 짧은 역사를 가지고 있다." 지금으로부터 100여 년 전 이런 말을 남겼던 심리학자 헤르만 에빙하우스는 기억에 관한 연구 성과 덕분에 심리학 역사의 한 단락을 장식하는 인물이 되었다. 에빙하우스는 실험을 통해 기억처럼 복합적인 심리 현상일지라도 간단한 자연과학적 연구방법으로 설명할 수 있다고 주장함으로써 심리학에서 커다란 전략적 의미를 차지한다. 막 20세기로 접어들던 그의 활동시기에는 심리학에서 종종 제기되던 인식이론

도식

에 대한 까다로운 질문들을 실험으로 해명해낼 수 있으리라고는 아무도 생각하지 않았다. 실험심리학의 창시자인 빌헬름 분트조차도 자신의 연구방법이 가진 좁은 테두리를 강조한 바 있었다. 그의 제자 헤르만 에빙하우스가 그 제한된 테두리를 확장하려는 도전의식을 느꼈는지는 모르겠지만 분명한건 스승인 분트의 생각이 틀렸다는 것을 증명하려 모든 노력을 기울였다는 사실이다. 그는 이를 위해 다른 분야보다 특히 더 복합다단한 분야인 기억을 연구하기로 했다. 아주 단순하기 짝이 없는 실험방식과 아무 의미도 없는 수많은 음절의 조합을 통해 그는 오늘날까지도 심리학에서 중요한 의미를 가짐은 물론 교육학 분야에서도 널리 이용되는 연구 결과를 달성할 수 있었다. 학습 내용이 많아질수록 배우는 데 드는 노력이 단순히 정비례하는 것이 아니라 그 이상으로 높아진다는 것을 밝혀냄으로써 대부분의 학습방법이 처음부터 실패힐 수밖에 없음을 증명했다. 또한 그렇게 얻어진 지식은 임의로 소환되지 못한다 하더라도 기억에는 남아 있음을 밝혔다. 이들 정보는 힌트 등과 같은 외부로부터의 자극이 있을 때라야 비로소 접근이 가능해진다. 세상 일이 다 그렇듯이 누군가가 명성을 얻게 되면 곧 비판의 목소리도 덩달아 높아지게 마련이다. 에빙하우스의 비판자 중 가장 널리 알려진 사람은 프레드릭 바틀렛Frederic Bartlett이었다. 그는 창의력 넘치는 사회심리학적 실험을 통해 기억연구 분야에서 다시 한번 큰 조류를 형성할 수 있었다.

심리학 분야에서 이룬 뛰어난 공로를 인정받아 1948년에 기사작위를 받은 프레드릭 찰스 바틀렛 경이 에빙하우스의 기억 연구에서 특히 큰 의문을 제기한 점은 다음과 같았다. 우리의 기억이 제공하는 가장 큰 역할이라고까지 말할 수 있는, 의미를 부여하는 기능을 어째서 의미도 맥락도 없는 음절의 나열이라는 방법으로 연구했는가? 1886년 영국에서 태어난 바틀렛은 변수가 차단된 실험실에서의 실험이 가진 많은 장점을 모르는 바 아니었지만 실험실 환경이라는 세팅에서 도출된 결과에는 별로 관심이 없었다. 바틀렛의 가슴을 진정으로 뛰게 만들었던 것은 일상생활에서 관찰되는 현상들, 이를테면 인물의 일생에 관한 정보, 여러 기억을 연결시키는 고리, 또는 경험한 것에 대해 이야기할 때 작동하는 기억력 같은 것이었다.

이제 여기서 소개될 실험에 사용된 도구는 피실험자들과 전혀 무관한 문화권에서 유래한 설화였다. 〈정령들의 전쟁〉

도식

이라는 이 북미 원주민의 설화는 생소한 이름들과 환상적이다 못해 혼란스럽기까지 한 세부적인 이야기들로 가득 차 있었기 때문에 읽으면서도 내용을 제대로 따라가기 힘들다. 이야기의 주인공은 바다표범을 사냥하러 나선 젊은 두 청년이다. 그러나 이들은 어찌어찌 복잡한 과정을 거쳐 전쟁에 휘말리게 되는데 이 전쟁은 실상 정령들 간의 전쟁이다. 유럽 사람은 이 이야기를 읽거나 들어도 정령을 어떻게 정령이라고 알아볼 수 있는지 끝까지 이해하지 못하기가 쉽다. 청년 중 정령들의 전쟁에서 앞장서 싸운 한 명이 마을로 돌아와 모닥불 앞에서 이웃사람에게 자신이 겪은 일들을 이야기해준 뒤 갑자기, 그러나 매우 신비한 과정을 거쳐 죽고 만다.

이 이야기는 익숙하지 않은 이름들과 마법, 생소하기 짝이 없는 반전들로 넘쳐나기 때문에 유럽에서 전해 내려오는 전통적인 이야기의 흐름에 전혀 대입할 수가 없다. 유럽인에게 익숙한 서사 구조는 예측이 가능하고 어느 정도 신빙성이 있다. 일반적으로 짧은 도입부 후에 전개 부분이 펼쳐지며 언덕을 오르는 것처럼 긴장이 고조되다가 마침내 클라이맥스에 다다른다. 긴장이 해소된 다음에는 흩어져 있던 모든 요소가 연결되는 결론 부분이 자리한다. 폭풍우는 곧 닥쳐올 극적 사건을 뜻하고 파란 하늘에 떠 있는 양떼구름은 행복한 결말을 암시하는 등, 날씨는 종종 앞으로 일어날 일들을 예언하는 복선으로 사용된다. 그림 형제의 동화와 괴테의 《파우스트》, 그 밖의 여러 동화나 요즘의 TV드라마들도 모두 이런 명료한 서사곡선을 따르고 있다. 그런데 〈정령들의 전쟁〉처럼 이런 규칙에서 벗어나는 이야기를 접하게 되면 당연히 혼란이 올 수밖에 없다.

당황스러움과 혼란스러움이 머릿속에 들어찬 상태에서는 이야기의 줄거리를 잘 기억하기 힘들며 따라서 나중에 재구성하는 것에도 어려움이 따른다. 프레드릭 바틀렛의 생소한 실험에 참가한 피실험자들도 이런 의미에서 기억을 소환하는 데 실패했다. 실험방법은 다음과 같았다. 피실험자들은 채 몇 줄을 넘지 않는 짧은 이야기인 〈정령들의 전쟁〉을 두 번 읽고 난 후 내용을 다시 서술하는 과제가 주어졌다. 제출된 모든 결과들(피실험자는 20명이었다)을 검토한 결과 군데군데 전혀 기억을 하지 못한 듯한 부분들이 발견되었으나 대부분의 피실험자는 이런 기억의 공백을 스스로의 힘으로 과감하고 열정적으로 채워나갔다. 특이한 것은 이들이 새로 지어낸 버전이 디즈니 영화의 줄거리와 매우 닮아 있었다는 점이었다. 이

도식

들이 제출한 이야기들은 기승전결이라는 전통적 이야기의 흐름과 시간의 흐름에 맞춰 다듬어진 구조를 보였으며, 의미가 없다고 생각되거나 이해하기 힘든 부분은 가차 없이 생략되었다. 그리고 이야기가 새로 구성되는 과정에서 조금 부족하다고 느껴지는 부분은 새로운 요소들이 덧붙으며 매끄럽게 만져졌다. 즉 바틀렛이 피실험자들로부터 받은 이야기들은 원래의 북미 원주민 전통 설화가 아니라 어색하고 거북한 이야기를 소화가 잘 되게 만들려는 노력에서 나온 산물이었던 것이다.

바틀렛은 결과에 실망했을까? 아니었다. 그는 이 현상에서 몇몇 중요한 결론을 이끌어낼 수 있었다. 우선, 기억의 과정은 사회적 조건과 깊은 관련이 있으며 고정된 게 아니라 역동적인 과정으로 생각된다. 에빙하우스의 실험에서 추측되었던 것과는 달리 듣거나 읽어서 입력된 객관적 이미지를 다시 기억에서 불러낼 때는 실제 사건이 개인적 경험이나 추측, 믿음 등과 뒤섞인다는 것이다. 새롭게 들어온 내용은 항상 기존 정보들과 결합되고 이 기존 정보들이 가진 시선에 맞추어 해석된다. 바틀렛 실험의 피실험자들이 재현한 설화들은 자신의 이야기를 듣게 될 청취자들에게 개연성을 설득하기 위한 갖가지 노력으로 넘쳐났으며, 대다수가 〈정령들의 전쟁〉과

비슷한 점이 있는 다른 이야기들의 요소를 끌어와 삽입함으로써 낯섦을 해소해보려 시도했다. 바틀렛은 이 과정을 '합리화'라고 불렀다. 피실험자들은 아메리카 원주민의 머리장식에 쓰인 깃털을 아주 상세하게 묘사한다든지 이집트 신화에서 따온 듯한 해석을 덧붙인다든지 해서 되살릴 수 있는 최대한의 정보를 활용해 기억을 재구성하려고 필사의 노력을 기울였다. 이처럼 새로운 기억의 구조물이 기존에 있던 기억내용의 토양 위에서 구축된다는 것은 바틀렛이 여러 실험을 통해 명확히 밝힐 수 있었던 핵심 주장이었다. 이와 더불어 그는 이렇게 형성된 기억이 시간에 따라 어떻게 변화하는지에 대해서도 관심을 가졌다. 이야기를 맨 처음 듣고 난 뒤 겨우 몇 분도 되지 않아 피실험자들은 자기도 깨닫지 못한 채 세부적인 이야기 흐름이나 등장인물의 이름 등 이야기의 세부적인 것들과 줄거리를 바꾸었다. 몇 주 또는 10년 이상 시간이 지난다면 그 사이 이야기는 또 어떻게 재편되어 있을까?

명문 케임브리지 대학교 최초의 심리학과 교수였던 바틀렛은 당시 피실험자들에게 실험 이후에도 불규칙적인 간격을 두고 이야기를 재현해줄 것을 요청했다. 놀랍게도 이야기의 구조가 달라지는 정도는 점점 줄어들었다. 이제 됐다 싶은

도식
———

버전이 완성되면 그다음부터는 아주 사소한 세부사항 정도
만 달라졌던 것이다. 시간이 얼마나 지났는지에 관계없이 첫
번째 버전이 한번 완성되면 쭉 유지되었다는 뜻이다. 바틀렛
은 이를 두고 '형태의 지속성'이라고 명명했다. 이는 우리 안
에 이미 존재하는 경험과 기억, 문화적 영향력이 허용하는 테
두리 안에서만 기억을 한다는 뜻이다. 그 결과로 한번 형성
된, 그리고 동시에 자신이 지어낸 진실 안에서 머무른다. 이러
한 이른바 '스키마schema(도식)'는 일종의 정신적 지름길 역할
을 함으로써 삶을 덜 피곤하게 만든다는 장점도 있지만 특이
하거나 때로는 결정적이기까지 한 세부사항들을 보지 못하게
막을 수 있다는 사실을 우리는 종종 간과하며 살아간다. 우리
의 인식뿐 아니라 기억 속에서도 익숙하지 않은 것이 익숙한
것에 언제나 자리를 양보하기 때문인 것으로 풀이된다.

바틀렛의 실험이
일상생활에서 갖는 의미

프레드릭 바틀렛 경은 놀이처럼 쉬워 보이지만 창의력이
돋보이는 실험을 통해 20세기 초 기억연구 분야에서 큰 업적

을 이루었으며 이는 현재까지도 많은 심리학 연구에 영향을 주고 있다. 그는 우리의 기억은 절대로 경험과 사건과 오감의 기계적 복제품이 아니고 삶을 살아가며 구축되어온 도식 위에서 해석된다는 것을 보여주었다. 이는 이 책에도 실린 심리학자 엘리자베스 로프터스 같은 후대의 기억연구 분야 심리학자들에게 영향을 주어서, 기억을 생산적이고 창의적인 과정으로 이해하는 현대의 새로운 연구 분야가 열릴 수 있게 만들었다.

그러나 심리학과는 관련이 없는 일반인에게도 바틀렛의 연구는 매우 흥미롭게 다가온다. 우리는 하나의 분쟁 상황을 두고 생각이 각기 다른 여러 명이 하는 이야기를 들을 때 저렇게까지 서로 다를 수가 있나 고개가 갸우뚱거려질 정도로 각자의 버전이 다름에 놀랄 때가 많다. 평화로운 대화든 그렇지 않든 모든 대화에서는 바틀렛이 설명한 합리화의 과정이 곧바로 작동한다. 이야기를 듣는 동안 벌써 우리의 뇌는 어떤 정보가 우리에게 의미가 있고 어떤 것이 즉각 무시해도 좋을 정보인지 분류작업에 들어간다. 무시해도 좋을 정보는 어차피 혼란만 일으킬 것이기 때문이다. 어떤 이야기를 듣기 시작하는 순간부터 우리 뇌는 그 어떠한 악의도 없이 선별적 파괴

모드에 돌입한다. 다른 기억들에 들어맞는 친숙한 기억은 받아들여지는 반면, 이를테면 평소에 바보 같은 행동만 하던 사람이 예외적으로 아주 똑똑한 말을 했던 사실은 우리가 구축해낸 안락한 도식을 위험에 빠뜨리지 않기 위해 신속히 제외된다. 앞에서 말했듯이 도식은 사고와 기억의 과정에 소모되는 에너지를 절약하고 단순화하는 역할을 한다. 버겁게 넘쳐나는 정보를 정리할 수 있게 도와주므로 합리화는 어쨌든 상당히 많은 이점이 있다. 하지만 반대로 일상에서 마주치는 흥미롭고 익숙지 않은 의외의 세부사항을 그냥 흘려보내도록 하는 주범이기도 하다. 바틀렛이 말한 '형태의 지속성' 역시 반드시 좋은 점만 가진 것은 아니다. 일단 자신이 주장하는 버전의 진실이 구축되고 나면 이 뼈대를 대신하거나 다른 시각에서 바라보는 또 다른 진실을 찾기가 매우 어려워진다. 이는 가까운 사이에서 일어나는 인간관계의 갈등에서뿐 아니라 기존에 완성된 자아상과 관련해서도 쉬운 문제가 아니다. 예를 들어 우울증을 가진 사람이 자신을 가치 없는 인간이라고 규정한 자아상을 한번 구축하고 나면, 자신이 찾아낸 이 '진실'을 다시 한번 비판적으로 바라보거나 한 사람으로서의 자신과 그가 살아온 삶 속의 긍정적인 측면을 기억해내기 상당히 어려워진다. 인식의 도식과 기억의 도식을 강요하는 경직된 경계선으로 인해 발생하는 결코 즐겁지 않은 결과들에서 벗어나는 방법은 새로운 경험을 받아들이기를 주저하지 않는 것, 그리고 새로운 경험으로 만난 낯선 것들을 통해 즐겁게 놀랄 수 있는 능력을 기르는 것이다.

가짜 환자 또는 뻐꾸기 둥지 위로 날아간 새

공포영화를 보면 멀쩡한 사람을 정신과 수용시설에 입원시키는 장면이 가끔 등장한다. 또 실제로 일어난 유명인들의 이혼 스캔들에서 정신병원에 강제로 입원시켰네 마네 하며 사실 여부에 대한 공방전이 펼쳐지는 것을 심심치 않게 볼 수 있다. 벽에 곰팡이가 피어 있고 사이코패스 같은 원장이 지배하는, 중세 감옥을 연상시키는 이런 정신병원의 이미지는 어둡고 위협적인 장소로 인식됨과 동시에 저기 들어갔다가는 없던 병도 생기겠다는 공포심을 낳는다. 거기에 병리해부

학 시설까지 같이 있다고 생각하면 부정적 이미지는 더욱 극대화된다. 영화에서나 나올 것 같은 이러한 설정 안에서는 정상과 미침의 경계가 흐릿해진다. 실제로 정신과적 진단과 치료에서 종종 볼 수 있는 다소 불분명한 경계선은 비판적 인식을 가진 심리학자들로부터 맹렬하게 지적받고 있는 점이기도 하다. 누가 아프고 누가 아프지 않은지 과연 누가 어떻게 결정하며, 당사자와 가족의 삶을 영원히 변화시킬 수도 있는 이 결정은 얼마나 정확한가?

치료에 유용하게 활용될 수는 있지만 한편으로 위험하고 혼란스러우며 이른바 환자의 행복을 위협할 수 있는 정신병 진단 또는 광증 진단의 범주는 진단을 내리는 데서 명확한 경계와 구분이 가능하다는 인식을 심어주기 쉽다. 미국의 정신과 의사인 데이비드 L. 로젠한David L. Rosenhan은 이 점을 늘 못마땅하게 여겨왔다. 그는 1960년대에 자신을 비롯한 다른 정신과 전문의들이 현업에서 사용하는 진단도구가 너무나 단순한 게 아닌가 하는 생각을 했다. 그러나 그는 학계의 풍토에 만족하지 않는 학자들이 흔히 그러하듯 불만이 잔뜩 담긴 기나긴 반론을 펼치거나 현대 정신의학과 심리학이 가진 결함을 신랄하게 공격하는 전략을 쓰지 않았다. 그렇다고 그대로 포기하거나 문제라고 느낀 약점들을 불가피한 것으로 순순히 받아들일 생각도 없었다. 그 대신 정신병동의 깊숙한 실상, 정신병 진단이 그 진단을 받은 사람에게 주는 결과들, 결과적으로 그 진단의 정확도를 알아보기 위한 실험을 구상했다. 프랑스의 철학자 미셸 푸코는 1973년에 발표된 로젠한의 논문을 들어 그를 '학문적 유머 노벨상' 수상자로 추천하기도 했다.

최대한 신뢰성 높은 결과를 내기 위한 연구방법을 두고 로젠한은 오래 망설이지 않았다. 그가 몸담고 있는 직업에서 사용되는 진단방법의 한계가 어디인지 알려면 전혀 이상이 없는 건강한 사람을 정신병 환자 수용시설로 몰래 들여보내는 것보다 좋은 방법은 없다고 생각했다. 시설에서 이 사람이 정신적으로 건강하다는 것을 밝혀낸다면 정신적 질병과 건강함의 구분이 확실히 가능하다는 증거가 될 것이고 가짜 환자임이 밝혀지지 않는다면 이는 전통적 정신의학의 근간을 흔드는 일이 되어 지금까지의 정신의학적 접근방법에 대한 비판적 논의의 토대가 성립될 터였다.

로젠한의 용감한 실험에 참가하겠다는 사람을 모으는 것은 어렵지 않았다. 8명의 실험참가자가 12개의 각기 다른 정신의학 관련시설에 수용되기로 했는데, 이것은 한 사람이 차례로 여러 기관에 숨어들어갈 수도 있다는 것을 뜻했다. 참가자의 구성은 다양했다. 심리학자 3명과 심리학과 대학생 1명 이외에도 소아과 전문의, 정신과 전문의, 화가, 주부로 이루어졌다. 가명으로 신분을 숨긴 이들은 복수의 기관을 방문해 가상의 증상을 호소하기로 했다. 로젠한 자신도 환자로 위장해 일정 기간 동안 정신병동에 수용되었다. 원장 한 사람만 그의 정체를 알고 있었다. 로젠한은 시험대에 오를 시설을 아주 다양하게 선정했다. 미국 서부해안과 동부해안의 5개 주에서 선정된 이들 시설은 오래된 곳과 새로 설립된 곳, 정원초과인 곳과 환자와 의료관계자의 비율이 모범적인 곳, 국립시설과 사립시설이 고루 섞여 있었다.

　실험참가자들이 맡은 일은 단순했다. 시설에 환자로 찾아가 모두가 동일한 증상을 호소하는 것이었다. 잘 알아듣지 못할 어떤 소리가 자꾸만 들리는데 대부분은 '텅 빈', '공허한' 같은 단어, 그리고 무거운 무언가가 바닥에 떨어질 때 나는 '쿵' 같은 소리가 자주 들린다는 것이 이들이 이야기할 증상이었다. 심각하게 위험해 보이지도 않지만 그렇다고 특별한 의미가 있지도 않은 이 단어들은 그냥 선정된 것이 아니었다. 이 단어들은 환자가 느끼는 무의미함과 삶의 공허함으로 해석될 여지가 있는 말들이었다. 로젠한의 실험이 이루어질 당시까지 정신병과 환자가 느끼는 무의미함이 함께 나타난 증상이 보고된 논문은 없었다. 로젠한은 이로써 자신의 가짜 환자들이 보이는 증상들이 이전까지 정신과에서 한 번도 관찰된 적이 없음을 확실히 했다. 가짜 환자들은 이런 소리가 들리는 것 외에 다른 증상은 전혀 호소하지 않았으며 의사와의 첫 번째 상담시간에 삶에 대한 개인적 이야기를 할 때는 꾸며내거나 하지 않고 최대한 사실대로 말했다. 참가자 중 삶의 이력이 특이하거나 두드러지는 사람은 아무도 없었는데, 특이한 성장과정 때문에 정신질환이 생겼다는 구실을 제공하지 않기 위해서 이 점은 매우 중요했다.

가짜 환자들은 웅얼거리는 무의미한 소리가 자꾸 들린다는 증상으로 정신병동 입원에 성공했고 입원하자마자 상태를 묻는 병원 측의 질문에 입원할 때까지 자신들을 괴롭히던 증상들이 말끔히 없어졌으며 상태가 매우 좋아졌다고 대답했다. 그들은 일부러 꾸미거나 가리지 않고 본인의 본모습 그대로 의료진 또는 다른 환자들과 이야기를 나누며 병동에서 실시하는 치료프로그램을 착실히 따랐고 식사시간이나 기타 규칙을 모범적으로 지키는 등 누가 보아도 질병이 없는 모습을 보였다. 투약치료도 정상적으로 진행되었는데, 다만 가짜 환자들은 이름 모를 수많은 알약을 실제로 삼키지는 않고 틈이 날 때마다 몰래 버리곤 했다.

실험의 진척상황을 최대한 정확하게 기록으로 남기기 위해 참가자들은 그때그때 종이에 적어두기로 했다. 처음에는 다른 환자나 의료진에게 들키지 않으려고 몰래 숨어서 썼는데, 얼마 지나지 않아 아무도 이들이 무엇을 쓰는지에 거의 관심이 없다는 것을 깨닫게 되었다. 그러고부터는 사람들이 많이 지나다니는 공동공간에서도 거리낌 없이 일지를 작성했다. 이 실험에서 가짜 환자들이 그토록 모범적으로 생활했던 이유는 다른 진짜 환자들과 마찬가지로 언제 자신이 병동에서 나가게 될지 미리 알지 못했기 때문이었다. 이들은 병동에 수용되는 기간은 본인 자신의 행동에 달려 있다는 말만 듣고 입원했다. 즉 담당의사로 하여금 증상이 명백히 호전되었다는 확신이 들게 하면 당연히 퇴원이 가능하다는 것이었다. 그래서 담당 간호사의 차트에도 이들이 친절하고 매우 협조적이었다고 기록되어 있었다.

어쨌든 가짜 환자 중에서 가짜임이 밝혀진 사람은 아무도 없었다. 딱 한 명을 제외하고는 매우 신속하게 '호전 중인 조현병'이라는 진단이 내려졌다. 로젠한 실험 참가자들의 평균 입원기간은 19일이었고 최장 입원자는 52일 동안 머물렀다. 그러므로 병원에서 가짜 환자들이 정상인이었음을 알아보지 못했던 원인들 중 입원기간이 짧았다거가 환자를 세밀히 관찰할 시간이 충분하지 못했다는 등의 이유를 배제시킬 수 있었다. 병원의 질 역시 거론할 수 없었다. 매우 평이 좋은 시설도 일부 포함되어 있었기 때문이었다.

로젠한은 한번 내려진 정신질환 관련 진단을 두고 "찐득거린다"고 표현했다. 타인에게 특정한 메시지(아픈 사람이야! 조심해!)를 전파하는 일종의 낙인 같아서 여간해서는 떨쳐버리거나 벗어날 수 없다는 뜻이다. 진단이 내려지면 그 사람을 대하는 주위의 태도가 달라지는 것은 물론이고, 그의 행동에 대한 인식과 해석도 달라진다. 한 사람이 특징적으로 가지고 있는 특별함과 고유한 양식이 전부 그가 그런 진단을 받았다는 전제 아래서(잘못된 진단일 때가 많은데도 불구하고) 더욱 잘 이해되는 현상이 발생한다. 우리는 한 사람의 태도, 행위, 그 안에 담긴 것들을 그 사람이 처한 전체적 맥락에서 따로 떼어 인식하지 않기 때문이다.

가짜 환자들이 입원 중에 작성한 일지를 보면 더욱 흥미로운 사실들을 알 수 있다. 부모와의 관계를 묻는 의사의 질문에 한 참가자는 사실 그대로를 말했다. 그는 유년기에 어머니와 사랑이 가득한 관계를 유지했으나 아버지와의 유대관계는 다소 소원했다고 진술했다. 그러다가 사춘기가 되자 부자의 정이 싹터 차츰 돈독해지기 시작했으며 어머니와는 조금 냉랭해졌고, 성인이 되고 나서는 배우자와 조화롭고 다툼도 거의 없는 관계를 유지하는 편이라고 했다.

그런데 앞서 말한 이상한 소리가 들리는 증상을 갖고 내원했다는 정보를 바탕으로 작성된 병원기록만 보면 인성이 파괴된 전혀 다른 사람으로 착각할 만큼 완전히 다른 시각으로 이 사람을 인식했다는 것을 알 수 있다.

"39세의 남성. (중략) 유년기에 시작된 양가兩價적 관계가 장기간 이어짐. 어머니와의 애착관계는 사춘기에 냉랭해졌으며 소원하던 아버지와의 관계는 굉장히 강화되었음. (중략) 징서석 애착관계에서 안정성이 결여됨. (중략) 자신의 감정을 통제하려는 시도들이 분노폭발로 인해 좌절됨. (중략) 친구가 많다고 주장하지만 교우관계에서도 역시 양가적 태도가 발견됨."

그러나 앞에서도 언급했다시피 이 남성 참가자의 인간관계에서는 이렇다 할 양가적 감정이 존재한 적이 없었다. 이처럼 가짜 환자들의 삶의 궤적은 진단된 병명의 측면에서 해석되었다.

이들이 입원했을 때 일지를 작성했던 일 역시 비슷한 방식으로 해석되었다. 이들은 병원에서 일어난 사건이나 본인이 겪는 상황 등을 시간별로 꼬박꼬박 써내려갔는데 의료진은 이를 정신질환자 특유의 병적인 집착을 나타내는 또 하나의 증거로 여길 뿐 단 한 번도 내용을 보여달라거나 한 적이 없었다. 정신질환자가 보이는 이른바 병적인 태도는 로젠한의 실험이 이루어졌던 1970년대 당시에는 원래 그런 것으로 당연시되었으며 그 원인에 대해 진지하고 깊은 의문을 품는 사람은 거의 없었다. 그러나 환자의 특이한 행동이나 몸짓에 궁금증을 가진 사람이 환자에게 직접 이유를 물어본 결과 예상 밖의 대답이 나왔다. 예를 들어 쉼 없이 복도를 왔다 갔다 하는 환자가 있었는데, 불안해서 그러느냐는 물음에 그는 이렇게 대답했다. "아니요, 너무 심심해서요!" 이처럼 환자의 모든 행동은 하나로 뭉뚱그려져 특정 질병이라는 시야의 반경 안에서만 인식되었고 혹여 그 행동이 병원의 착각이나 부적절한 치료로 인해 나타났거나 또는 심지어 단순히 무료함을 참지 못해 나타난 것이라고 해도 결과는 달라지지 않았다.

그런데 정신질환자라는 낙인이 찍힌 로젠한 실험 참가자들에게 속아 넘어가지 않은 집단이 있었다. 그들은 바로 진짜 환자들, 즉 합당한 이유가 있어 병동에 수용된 이들이었다. 참가자들이 입원한 지 얼마 되지도 않았는데 이들 진짜 환자는 뭔가 이상하다며 의심을 드러냈다. 이들은 참가자들에게 기자냐, 학자냐, 아니면 비밀리에 병원을 감찰 나왔느냐 물었던 것이다.

로젠한의 실험이
일상생활에서 갖는 의미

로젠한 실험은 할리우드에서 영화화한다고 해도 전혀 이상하지 않을 정도로 기발하고 모험적인 시도였고 정신의학 역사에 한 획을 그은 클래식한 실험으로 손꼽히고 있지만 무엇보다도 후대의 심리학과 정신의학 전반에 굵직한 변화를 불러일으켰다는 점에서 더욱 큰 의미가 있다. 건강하다는 것은 무엇이고 아프다는 것은 무엇일까? 진단을 내린다는 것은 무슨 뜻인가? 환자들은 정신병동에서 어떻게 생활하는가? 혹시 입원치료가 병세를 더 악화시키는 결과를 낳지는 않을까?

로젠한은 누군가에게 특정한 병명을 진단 내린다는 행위가 그 사람의 미래, 그리고 그를 둘러싼 주위의 반응과 태도를 얼마나 좌지우지하는지 실험을 통해 보여주었다. 특히 그것이 정신과적 진단일 경우 다른 신체적 질병에 내려지는 진단과는 달리 그 여파가 더욱 크고 무겁게 미칠 수 있다는 점도 제시했다. 정신질환자와의 접촉은 언제나 그가 정신질환자라는 인식 아래서 이루어진다. 가족은 물론이고 의료진도 특정 질병을 가진 사람이라는 테두리 안에서 그 사람을 대하고 그의 행동과 태도는 오직 '병자를 보는 안경'을 통해 인식되고 해석될 뿐이다. 이러한 심리적 효과는 당사자를 힘들게 한다. 그러나 진짜 문제는 사람에게 한번 특정 질병의 환자라는 꼬리표가 붙고 나면 시간이 지남에 따라 점점 더 일정한 도식(스키마)의 틀 안에서만 인식되는 결과를 낳는다는 사실이다. 간단히 말하면 누군가가 당신을 오랜 시간 동안 미친 사람을 상대할 때처럼 대하면 당신도 점점 자신의 정신상태를 의심하기 시작하고 어딘가 아프다고 느낄 확률이 아주 높아진다는 뜻이다. 의학적 진단은 의료진에게는 환자의 행동을 그 진단명 안에서 해석하는 경향을 강화시키며 또한 한편으로 환자에게는 자신에게 내려진 진단에 복종하고 스스로

누군가가 당신을 오랜 시간 미친 사람처럼 대하면
당신도 점점 자신의 상태를 의심하게 될 것이다

자신의 태도와 상태를 그에 맞게 조정하도록 만드는 것으로 보인다. 그래서 진단이 내려지고 난 후 치료 도중에 비로소 그 병에 해당하는 증상이 만개하는 경우가 생길 수 있으며 당사자는 정신질환을 앓는 환자라는 새로운 역할을 빠르게 받아들이게 된다.

로젠한 실험에서 얻어진 결과를 기존의 정신의학 치료과정에 접목하려는 시도가 오늘날까지도 많이 이루어지고 있지만, 이런 시도들은 정신의학 치료시설들이 처한 구조적 제약들 때문에 종종 좌절되곤 한다. 우선, 진단은 업무와 행정의 특성상 큰 의미를 지닌다. 특정한 병명이 내려지지 않으면 의료보험은 치료비와 관련된 비용을 부담하지 않는다. 게다가 기준이 되는 병명이 있어야 담당 치료사가 계획과 일정을 세우고 동종 질병 사례를 참고할 수가 있다. 또한 간과할 수 없는 또 하나의 요인은 자신이 어떤 병을 앓고 있는지 알고 싶어 하는 환자가 많다는 것이다. 또 환자가 나타내는 수많은 증상을 한데 묶을 수 있는 하나의 범주 안에서 병을 이해하는 것이 의사와 환자, 기타 의료진이나 상담치료사 사이의 소통을 원활하게 해준다는 점도 분명히 존재한다.

여기서 소개된 로젠한 실험을 통해 우리는 1970년대 정신의학과 폐쇄병동의 생활을 조금이나마 엿볼 수 있었다. 환자들이 입원기간의 대부분 동안 의도적으로 무시당한 점, 사적 공간이 허용되지 않은 점(이를테면 화장실 칸에 문이 없음), 그리고 환자에게 종종 정신적, 물리적 완력이 행사되었던 점 등이 당시 이미 현대적 시설을 갖추고 있던 정신질환 시설의 개편을 향한 사고의 전환을 불러일으켰으며 의료진의 주의 환기와 대중의 편견에 대한 각성을 촉구하는 계기가 되었다. 로젠한 실험 참가자가 작성한 보고서에는 간호사가 환자들 앞에서 옷을 갈아입었다는 기록이 나온다. 환자들을 유혹하기 위해서가 아니라 이들을 아예 없는 사람으로 취급한, 무관심과 무시에서 비롯한 행동이었던 것으로 보인다. 투약과 관련해서도 환자들이 병동생활에서 눈에 띄는 행동만 하지 않으면 정말로 약을 복용하는지에 대한 검사도 대충 형식적으로만 이루어졌다. 따라서 로젠한 실험의 가짜 환자들은 약을 화장실 변기에 버릴 수 있었고, 다른 환자들이 삼키지 않고 남긴 약을 자주 발견하기도 했다. 진단을 받음과 동시에 병동 입원자들에게는 앞으로 계속 따라다닐 꼬리표가 붙었고, 이들은 관리자 역할을 하는 이의 그늘 안에서만 살아가야 하는 운명에 묶인 것처럼 되어버렸다. 그러나 정작 이들을 돌보는 이들은 환자가 특이하거나 평소 범위에서 벗어난 행동을 해야만 겨우 반응을 보일 뿐, 이들을 하나의 인격체로 대하는 일이 매우 드물었다.

실험에서 드러난 결과는 해당 시설들은 물론 무엇보다도 해당 직업군 전체가 모욕감을 느낄 만한 것이었다. 로젠한은 실험을 통해 누가 정신질환자고 누가 그렇지 않은지 판단하는 도구들을 시험대 위에 올려놓음으로써 정신과적 진단학 전반에 대한 신뢰를 떨어뜨렸다. 그러자 자신들은 절대 그런 실수를 저지르지 않으며 로젠한이 임의의 환자들을 보내면 석 달 안에 그중에서 진짜와 가짜를 정확히 구별해낼 수 있다고 장담하는 병원이 나타났다. 로젠한은 그 병원과 계약을 맺었다. 예정된 기간이 끝나자 부장의사부터 간병인에 이르기까지 환자를 돌보는 업무를 맡은 모든 의료진이 환자에 대한 평가서를 작성했다. 이 기간 안에 입원한 193명의 환자 중 41명이 최소 한 명의 직원으로부터 가짜 환자라는 소견을 받았다. 그중 23명의 소견서는 최소 한 명의 정신과 전문의로부터 나온 것이었다. 그러나 로젠한은 가짜 환자를 단 한 명도 보내지 않았다.

이 결과는 수많은 의문을 불러일으킨다. 이 의문점들을

해소하기 위해서는 분명히 논의가 필요하다. 하지만 이 중 구난방의 결과에서 우리가 알아야 할 가장 핵심적인 사실은 1970년대 당시 정신의학과 및 심리학에서는 정밀한 진단은 물론이고 어느 정도 신뢰할 만한 진단조차 아예 생각할 수 없었다는 사실이다.

감사의 말

이 책이 탄생하는 데 큰 도움을 주신 분들께 진심 어린 감사를 드립니다.

크레마이어 & 셰리아우 출판사에, 특히 제게 집필을 권고하신 마르틴 셰리아우 님께 감사드립니다. 책을 쓰는 것은 어릴 적부터 꾸던 꿈이었습니다. 어른이 되어서도 그 꿈을 속으로만 감추지 못했나 봅니다. 이제 그 꿈이 이루어졌네요.

소니야 프란츠케 님께도 감사드립니다. 책이 만들어지는 처음부터 끝까지의 과정을 이해심과 유머감각을 가지고 동행해주셨습니다. 프란츠케 님의 현명한 시간배분 능력이 없었다면 과연 이 책이 내후년에라도 출간될 수 있었을까요.

게르하르트 베네트카 교수님, 이 책을 쓸 수 있게끔 용기있는 결단을 끌어내주셨을 뿐 아니라 내용이 어느 방향을 향해야 하는가에 대한 아이디어를 제공해주셨습니다. 참고문헌을 지원해주시고 제가 너무 난해한 표현을 하려고 할 때마다 적절히 브레이크를 걸어주셨으며 꾸준한 피드백으로 응답해주셨습니다.

우리 조부모님은 제가 힘들어할 때마다 따뜻한 차와 초콜릿으로 저를 다독여주시고 좋은 문장에 대한 조언과 전문가적 충고를 아끼지 않으셨으며 때때로 제 긴 이야기도 다 들어주셨죠. 그 덕분에 끝까지 포기하지 않을 수 있었습니다.

제가 처음으로 책을 쓴다고 했을 때 열렬하게 환영해주신 우리 어머니는 저를 위해 특별히 서재의 한 칸을 몽땅 비워주시는 수고를 마다하지 않으셨습니다.

여러 번 바뀐 초고를 최소 두 번씩은 꼼꼼히 읽어보시고 재미없는 유머에도 웃어주신 아버지, 아마도 지금쯤 책을 통째로 다 외우고 계실 겁니다.

그리고 라우렌츠 피버님, 당신의 지칠 줄 모르는 도움을 그 어떤 말로도 되갚을 수 없을 겁니다.

참고문헌

Bartlett, F. (1995). *Remembering*. Cambridge: Cambridge University Press.

Darley, J. & Latané, B. (1969). Bystander Apathy. *American Scientist*, 57 (2), 244-268.

Dutton, D. & Aron, A. (1974). Some evidence for heightened sexual attraction under conditions of high anxiety. Journal of personality and social psychology, 30 (4), 510.

Festinger, L., Riecken, H., Schachter, S. (2009). *When Prophecy Fails*. Eastford: Martion Publishing. [한국어판: 레온 페스팅거·헨리 W. 리켄·스탠리 샥터, 《예언이 끝났을 때―세상의 멸망을 예언했던 현대의 어느 집단에 대한 사회심리학적 연구》, 김승진 옮김, 이후, 2020.]

Harlow, H. (1958). The Nature of Love. *American psychologist*, 13 (12), 673.

Hartley, E. (1946). *Problems in Prejudice*. New York: Kings Crown Press.

Heider, F. & Simmel, M. (1944). An experimental study of apparent behavior. *The American Journal of Psychology*, 57 (2), 243-259.

Kellogg, W. & Kellogg, L. (1933). *The Ape and the Child: a study of environmental influence upon early behavior*. Zugriff am 9.1.2017

Loftus, E. & Palmer, J. (1974). Reconstruction of Automobile Deconstruction: An Example of the Interaction Between Language and Memory. *Journal of verbal learning and verbal behavior*, 13, 585-589.

Milgram, S. (1963). Behavioral study of obedience. *The journal of abnormal and social psychology*, 67 (4), 371.

Pennebaker, J. & Sanders, D. (1976). American graffiti: Effects of authority and reactance arousal. *Personality and Social Psychology Bulletin*, 2 (3), 264-267.

Rosenhan, D. (1973). On Being Sane in Insane Places. *Science*, 179 (4070), 250-258.

Rosenthal, R. & Jacobsen, L. (1968). *Pygmalion in the Classroom: Teacher Expectation and Pupil's Intellectual Development*. New York: Rinehart and Winston.

Sherif, M., Harvey, O., White, B., Hood, W. & Sherif, C. (1954/1961). *Intergroup conflict and cooperation: The Robbers Cave Experiment*. Zugriff am 9.1.2017 [한국어판: 무자퍼 셰리프 외,《우리와 그들, 갈등과 협력에 관하여―로버스 케이브 실험을 통해 본 집단 관계의 심리학》, 정태연 옮김, 에코리브르, 2012.]

Tice, D. M. (1992). Self-concept change and self presentation: the looking glass self is also a magnifying glass. *Journal of personality and social psychology*, 63 (3), 435.

Zimbardo, P. (2007). *Der Luzifer Effekt*. Spektrum: Berlin.

참고영상

이 책에서 설명한 대부분의 실험들은 매우 세밀하고 양심적으로 문서화 되어있다. 몇몇 과학자들은 그들의 연구를 영화적으로 기록하는 데 관심을 기울였고, 오늘날까지 영상을 통해 일반인들도 수십 년 전의 실험을 이해할 수 있다. 다음은 책에 소개된 실험의 원본 녹화영상에 대한 추가 정보를 담은 링크다.

- 하이더 & 지멜_ 귀인

  https://youtu.be/VTNmLt7QX8E

- 할로우_ 애착행동

  https://youtu.be/OrNBEhzjg8I

- 밀그램_ 복종 실험

  https://youtu.be/ek4pWJ0_XNo

- 켈로그_ 침팬지와 아이

  https://youtu.be/pwRgUKRA2iU

- 짐바르도_ 스탠퍼드 감옥 실험

  http://www.prisonexp.org/german

사회심리학이 이렇게 재밌을 줄이야

1판 1쇄 인쇄 2026년 1월 2일
1판 1쇄 발행 2026년 1월 20일

—

지은이 펠리치타스 아우어슈페르크
옮긴이 문항심

—

펴낸이 백성빈
펴낸곳 반니출판
주소 서울 서초구 서초중앙로 69 806호
전화 02-6204-0491
전자우편 banni@banni.co.kr
출판등록 2025년 10월 13일 (제2025-000266호)

—

ISBN 979-11-996528-0-4 03180

—

책값은 뒤표지에 있습니다.
잘못된 책은 구입하신 곳에서 교환해드립니다.